거룩한 신부의
영광을 아느냐

내 품에 안길 자가 너무 적구나

초판 1쇄 인쇄 2025년 04월 11일
초판 1쇄 발행 2025년 04월 23일

지은이   천주영
펴낸이   황성연
펴낸곳   하늘기획
출판등록   제306-2008-17호
주문처   하늘유통
주소   경기도 파주시 광탄면 혜음로883번길 39-32
전화   031-947-7777
팩스   0505-365-0691
ISBN   979-11-92082-25-7 03230

Copyright ⓒ 2025, 하늘기획
이 책은 저작권법에 의해 보호를 받는 저작물이므로 무단전재 및 복제를 금합니다.
잘못 만들어진 책은 구입하신 서점에서 바꿔 드립니다.
정가는 뒤표지에 있습니다.

내 품에 안길 자가
너무 적구나

천주영

하늘
기획

이 책은 천주영 선교사의 천국, 지옥 체험을
성경에 근거하여 기록한 간증 책 입니다.

이 간증 책은 독자로 하여금 가장 와닿게 읽히도록
문어체가 아닌 구어체(대화체)로 쓰여 있습니다.
그래서 문법적인 요소를 완전히 적용하지 않았음을
알려드립니다.
이 점을 독자께서 인지하시고 간증을 읽으시면
더 많은 은혜가 되실 것입니다.

이 책에 나온 인물들은 13년 전의 사람들의
영적 상태를 표현한 것이기 때문에 현재와 다를 수 있고,
이 중에는 소천하신 분도 계십니다.
절대로 나약한 인생인 사람들에게 초점을 맞추지 마시고
하나님께서 겉사람과 속사람을 어떻게 보시고 말씀하시는지
개인적으로 성령의 감동을 받아서 여러분의 영적 성장에
도움 되시길 바랍니다.

또한 이 간증은 지극히 주관적인 체험 입니다.

그러므로 100% 진리가 되는 성경 말씀만이

객관적인 복음의 완성 체임을 상기하시길 거듭 부탁드립니다.

오직 예수 그리스도의 십자가와 부활의 믿음으로

여러분들이 굳건하게 천국을 향하여

말씀으로 영의 기도를 하며 나아가시길

주님의 이름으로 기도하며 첫 페이지를 열어 드립니다.

귀인들을 의지하지 말며 도울 힘이 없는 인생도 의지하지 말라
 _시 146:3

'내 품에 안길 자가 너무 적구나'
책에 대한 대언기도

하나님

'우리가 반드시 가야 할 나라' 두 번째 책 '내 품에 안길 자가 너무나 적구나' 이 책을 향하여 하나님의 마음과 앞으로 되어질 일들과 이 책을 읽은 자들에게 어떤 일이 있을지 하나님 이 시간 자세히 가르쳐 주시고 보여주시고 말씀하여 주시옵소서

하나님께서...

저에게 끝도 없이 아주 아주 많은 꽃들이 피어있는 한 장소를 보여 주십니다. 꽃이 너무나 많아서 형형색색의 꽃들이 정말 끝도 없이 너무나 많이 피어 있습니다.

거기에는 그 꽃들로 인해서 향기가 진동을 하고 수많은 벌들과 나비들이 날아다니며, 따뜻한 햇살과 새소리가 들리며 너무나 평화롭고 아름다운 모습입니다. 꽃들이 얼마나 아름다운지, 그 꽃들 하나하나가 내뿜는 향기가 얼마나 향기로운지요

여러가지 꽃들의 향기가 진동을 하고 그 어디서도 맡을 수 없는 너무나 향기로운 꽃들이 가득합니다. 사방을 둘러봐도 끝도 보이지 않고, 바다가 끝도 보이지 않게 펼쳐져 있는 것처럼 꽃들로 지평선이 보일 정도로 마치 꽃 바다 같은 그런 모습을 하나님께서 제게 보여주십니다. 끝도 없이

펼쳐진 그 꽃들.. 하나님께서 말씀하시기를 꽃 한 송이, 한 송이가 이뤄낸 장관이라고 말씀하십니다.

그 꽃, 그 작은 꽃 한 송이, 한 송이가 모여서 끝도 없이 펼쳐지는 꽃들로 아름다운 향기가 그렇게 그곳에.. 그 누가 보아도 탄성을 지르고 아름답다 표현할 수밖에 없게 만든다고 합니다. 그러나 자세히 보면 꽃 한 송이, 한 송이가 정성껏, 아름답게 최선을 다해서 꽃을 피웠기 때문에 그곳이 아름답고 전체적인 조화가 된 것이라고 하십니다. 그 꽃을 자세히 보면 꽃잎 하나하나가 활짝 피어있고 꽃잎 하나하나도 자세히 보면 그 안에 수술도 있고 암술도 있고, 꽃대가 있고 꽃잎이 있고 이파리가 있고 그 모든 것 하나하나가 최선을 다해서 그 꽃이 완성되었고 그런 꽃들이 하나, 두 개가 보이고 세 개, 네 개가 보이고 수천수만 가지가 모이니 그 장소가 꽃밭이 되고, 온 세상의 아름다운 꽃이 된 것을 하나님께서 보여주시며 말씀하십니다.

이 꽃처럼.. '우리가 반드시 가야 할 나라' 책을 보고 많은 자들이 살아났다고 하십니다. 꽃이 아니라 그동안은 잡초 같았던 사람들, 자기가 왜 사는지도 모르고 삶의 의미조차도 모르고, 끝이 어딘지도 모르고 살아가는 그런 많은 자들이 있었는데, 이 책을 보고 많은 자들이 살아났다고 합니다. 그리고 자신의 존재감을 알게 되었고 최선을 다해서 하나님 앞에 살아가고 싶어서 발버둥 치고 영의 기도를 하면서 살아났고 그들 안에서 예수님의 꽃이 피어나기 시작했다고 합니다.

그래서 한 명 한 명이 살아나서 아름다운 예수님의 꽃.

향기가 진동하는 백합이 되고, 어떤 자는 장미가 되고, 어떤 자는 들국화가 되고, 어떤 자는 조그만한 안개꽃이 된다 할지라도 하나님이 보실 때 그 아름다운 꽃들이 가득한 아름다운 꽃밭을 이루었다고 하십니다. 하나님은 너무 기뻐하셨고 이 책을 읽은 자들이 깨어나고, 또 깨어나고, 또 깨어나서 또 다른 사람에게 "이 책 좀 읽어봐. 이 책을 읽고 나서 내가 이렇게 됐어." "정말 천국과 지옥이 있어. 이 땅이 끝이 아니야. 우리 이렇게 살지 말고 천국을 향해서 가자. 난 너와 함께 천국 가고 싶어." "엄마는 너와 함께 천국 가고 싶어." "여보, 난 당신과 함께 천국 가고 싶어요." 하며 간절한 마음으로 그 책을 선물한 자들은 또...또... 다른 꽃을 피워 내기를 간절히 바라는 마음을 담았단다.

사랑하는 딸아, 이제 이 두 번째 책은 또 다른 아름다운 많은 자들을 깨울 것이다. 이제는 깨어난 정도가 아니라 그들이 이제 아름다운 신부의 모습으로 점점 갖추어져 갈 것이다. 깨어난 자들이 이제는 순교자의 삶을 살고 싶어서, 어떻게 하면 내가 주님의 길을 더 따라갈까? 어떻게 하면 상급자가 되어서 주님 보좌 옆에 바짝 다가갈까? 어떻게 하면 이 더러운 것, 이 세상에서 이겨서 성소에서, 그 성소를 지나 지성소로 갈까? 이제 많은 자들이 이 두 번째 책을 보고 더 많이 깨어나고 더 많이 자신을 쳐서 복종할 뿐만 아니라 자기를 부인하고 자기 없음의 상태까지 가고자 간절한 소원을 갖게 될 것이다.

이 책 표지처럼 많은 자들이 내 품에 안기게 될 것이다. 책 제목은 '내 품에 안길 자가 너무 적구나'로 시작하지만 이 책을 읽는 자들이 내 품에 안길 자가 많아지게 될 것이다. 내가 너의 입술을 통해, 또 이 책을 통해 일하게 되어서 너무 기쁘고 기쁘도다. 이제 이 책이 펼쳐지는 그 날 많은 자들이 영의 눈이 뜨이고 새로운 세마포 옷을 입으며, 깨끗하고 순결하고 정결하게 살고자 다가오게 될 것이다. 축복한다.

이 책을 읽는 모든 자들을 축복하며 이 책을 위해서 눈물로 기도하고 만드는 모든 수고한 자들에게 내가 하늘의 복을 내리노라. 내가 하늘의 귀한 것으로 갚아주리라.

예수님의 이름으로 기도합니다 아멘!

프롤로그
Prologue

13년 전..나는 죽음의 길을 걷고 있었다. 산후우울증과 최악의 빈곤으로 전기가 끊긴 집에서 두 아이를 돌보며 매일같이 어떻게 이 삶을 한 번에 끝낼 수 있을까.. "내가 뭘 잘못했습니까?" 하며 울면서 하나님을 원망했다. 어려서부터 선교사가 되기 위해 순결하게 살려 했다. 하지만 태국의 선교사가 되고 모든 걸 잃었고 남은 건 결국 나의 목숨을 거두어 달라는 울부짖음뿐이었다. 그때, 하나님께서 나를 참으로 불쌍히 여기셨나 보다. 생각지도 않게 이 땅에 있는 나를 끌어올려 '천국과 지옥'을 경험하게 하시고 영안을 열어 하늘의 귀한 것을 보여주며 친히 위로해 주셨다. (우리가 반드시 가야 할 나라 참고)

그 이후.. 나의 삶은 죽음에서 생명으로 완전히 바뀌었고, 산 소망을 가지며 매일 매일이 행복 자체였다. 바로바로 들리는 성령님의 음성과 영안이 열려서 보이는 것들이 많아지니 더욱 조심스러우면서도 신기하고 이땅에 발을 딛고 살지만 구름을 걷는 듯했다. 이후 30대의 젊음에 열정을 더하여 전국을 다니며 성령님께서 보여주시는 대로 간증 집회를 하였다. 그때 돌이 갓 지난 둘째 아이를 데리고 모유 수유하며 집회를 다녔는데 일 년쯤 되자 아이도 힘들고 나도 지치기 시작했다. 결국 하나님께 아이들 키워놓고 다시 써 달라고 집회를 거절하였고 그렇게 12년의 시간이 흘러갔다.

12년 동안 아이들 키우며 태국인 노동자 교회를 개척하여 사모로서 사역을 감당하는데 늘 재정적으로 어려움을 겪었다. 그러다 보니 내가 본 '천국'은 점점 희미해지고 나도 영적으로 살아야 됨을 아는데도 현재의 삶이 더 중요했고, 아이들을 잘 양육하는 게 우선 순위가 되어 직장도 다니며 평범하게 살기를 원했다. 이것이 바로 '생활의 염려로 마음이 둔하여지고'(눅 21:34)라는 말씀이었다.

천국을 수십 번 봤어도 생활의 염려가 나를 짓누르고 땅을 바라보며 살다 보니 내 마음이 둔하여지고 영적인 눈도 침침해지고 있었다. 갑자기 육체적으로 고난이 왔다. 어릴 때 앓았던 화농성관절염이 급성 퇴행성관절염이 되어 인공뼈와 인공관절 이식수술을 받아야 했다. 그제서야 병상에 홀로 누워 하나님께 눈물로 회개하며 다시 천국을 떠올렸다. 그날 밤 "주영아, 내가 널 쓰고 싶다" 하나님의 음성이 들려왔다. "네. 하나님, 다시 한 번 저를 써 주세요" 대답하고 하나님께서 다시 천국 간증자로 써주시기만을 기다렸다.

2023년 3월 '에스더기도운동'에 초청되었고, 이후 유튜브 방송 송출이 되면서 갑자기 전국 교회에서 집회 요청이 오고 소원대로 다시금 천국간증자로 살게 되었다. 12년 만에 이룬 소원이었으니 얼마나 행복하고 감사했는지 모른다. 부르는 곳은 어디든 다니며 하루 100명도 넘게 대언기도 해주고 힘을 다해 간증하고 사역했다. 그러나 점점 마음이 흐트러지기 시작했다. 집회 이후 교회에서 주는 사례비에 마음을 빼앗기고 대형교회 위주로 스케줄을 조정하고 싶어지면서 사람들의 시선을 더 의식하게 되었다.

그때쯤..한 사람에게 전화가 왔는데, 몇 가지를 물어보더니 마지막으로 조심스레 조언을 하나 하고 싶다며 "선교사님이 유튜브에서 웃으며 간증하고 있지만 마음의 그 무거운 짐을 가지고 계속 가시면 선교사님이 보신 천국을 선교사님이 못 가실 수 있습니다"라고 하였다. 그 말에 나는 놀라기도 하고 기분도 나빴는데, 그 분이 "제가 선교사님의 무거운 짐을 들어 드리겠습니다. 저에게 맡겨 주십시오"라고 하였다. 그 말이 맞았다. 나의 무거운 짐은 바로 큰아들이었다. 큰아들이 초등학교때 학폭을 당하고 코뼈가 부러져 수술 받고, 그 이후에도 가해자 측에서 사과도 없이 법적 소송까지 하여 억울한 아들은 정신과 약까지 먹게 되었고 결국 중학교를 대안학교로 보냈지만 재정이 뒷받침이 되지 않아 중도에 일반학교로 다시 진학하였다. 제대로 된 교육을 받지 못한 상태로 고등학교에 올라가니 성적도 자존감도 바닥을 치는 아들을 보면서 엄마로서 타들어가는 마음이었다. 그래서 어떻게 해서든 학업을 뒷받침 하고 싶어서 집회 사례비를 받으면 학원을 보내서 아들을 살리고 싶었던 마음이 가득했었다.

그 분은 아들의 성적을 올려 대학도 가게 하고 원하면 교수가 되도록 돕겠다고 아들을 맡겨 달라며 집에 데려가 한 달 가량을 먹이고 재우며 전 과목을 집중 과외해 주셨다. 아무것도 바라지도 받지도 않으면서 한 가지만 부탁하셨다. 바로 '천국 복음 제대로 전하기' 그것을 강조하면서 한 권의 노트를 보내셨다. 자신이 쓴 기도문인데 소리내어 읽으면서 기도해 보라고 하셨다.

처음에는 손으로 쓴 노트를 보며 놀랐다. 기도문을 이렇게 많이 쓰다니.. 요청하신 대로 소리내어 읽어 내려가는데 갑자기 뜨거운 것이 속에서 올라오며 눈물이 났다. 뭐지? 하며 놀랐고, 하루 세 번 시키신 대로 하다 보니 매번 눈물이 쏟아졌고, 3일째 되던 날은 통곡이 터져 나왔다. 회개 기도문에서 '생활의 염려로 수천 마리의 마귀를 달라붙게 한 것을 용서하여 주시옵소서'를 보고 내 안의 수천 마리 귀신이 있음을 알고 토설하고 통곡하며 회개 기도를 하였다. 그게 시작이 되어 매일 매번 눈물 콧물이 범벅이 되며 기도 시간마다 휴지 한 통을 비우게 되었고, 그제서야 내가 얼마나 더럽고 추한지 알게 되니 하나님 앞에서 부끄러워 얼굴을 들 수가 없었다. 이런 내가 천국 간증자라고 강단 위에 서는 것이 너무 가증스럽고 죄스러워 견딜 수 없었다. 집회 요청이 오면 전처럼 바로 승낙할 수가 없었다.

그러자 그분이 이제 온전한 천국 간증자로 쓰임 받았으면 좋겠다고 예수님처럼 '거저 받은 것 거저 주는 자'가 되어 보라고 권면하셨다. 그러나 나는 또 걱정이 되었다. 다른 강사들이 다 받는 것을 굳이 내가 안 받는다 소문나면 배척당하지 않을까? 그리고 내 생활은 어떻게 하지? 기름값, 밥값은 더 들 텐데 그럼 나에겐 마이너스 집회 아닌가? 머릿속으로 계산이 되면서 하고 싶지 않았다. 그래도 계속 기도문으로 영의 기도를 하자 예수님처럼 따라 살길 원하시는 성령님의 마음이 있어서 갈등으로 괴로웠다. 그러자 이

제 타협을 하고 싶었다. '우선 사례비를 받아 놓고 감동이 되는 대로 교회에 헌금을 하면 어떨까' 라는 생각이 들었다. 그러나 성령님께서 기뻐하지 않으셨고, 난 마음속의 이 갈등을 어떻게 하면 좋을지 집중적으로 기도하고 예수님처럼 살고 싶은 마음에 4복음서를 읽으며 예수님께서 사역하는 모습을 들여다 보았다. 예수님께서 사역 후 사례 받으신 일이 기록되어 있지 않았기에 나도 확신을 가지며 예수님처럼 살아 보겠다고 결심하였다. 하지만 딱 한 번만 해보겠다고 기도했다.

 3일간 집회가 있는 어느 교회에서 처음으로 사례비를 받지 않겠다고 목사님께 말씀 드렸고, 첫날 회중들 앞에서 나는 그동안 재물에 눈이 먼 위선된 죄인이라고 눈물로 회개 고백을 하였다. 그날 나의 회개 고백을 들은 회중들도 성령님께서 회개의 영을 부어주셔서 온통 눈물과 통곡이 가득한 회개 기도가 터져나왔다. 3일 내내 성령님께서 온전히 장악하셔서 놀라운 일들이 일어났고, 마지막 날은 서로의 모습이 천사 같이 달라졌음을 느낄 수 있었다. 그때 나는 알았다. 이것이 주님이 원하시는 것이었구나. 내가 온전히 예수님 닮은 삶을 살게 되면 성령님께서 친히 임하셔서 운행하신다는 것을 알고 그 이후로 지금까지 무료 간증 집회를 계속하게 되었다.
 이렇게 하기까지 나의 삶의 변화는 확연했다. 매일 아침에 일어나자마자 영의 기도로 시작하고, 점심에도 저녁에도 하루 3차례 정시 기도를 한 시간 이상씩 하며 영의 양식을 먹었다. 육신도 하루 3

차례 식사를 해야 힘이 나고 일도 하고 생활을 하듯이 영도 하나님의 말씀을 먹어야 힘이 나서 지속적으로 성령의 힘을 받는다는 것을 체험했기 때문이다. 12년 전 내가 아무리 영안이 열리고 천국 본 것을 전하려는 열정이 있었지만 결국 주저앉게 되었던 것은 영적인 힘이 부족했던 것이었다. 천국에서 영의 기도가 무엇인지 알기는 했지만 확실히 그게 어떤 건지 몰라서 나름대로 수시기도를 방언으로 하며 버텨왔지만 생활의 염려로 마음이 둔해지자 힘을 급속도로 잃게 되었던 것이다. 이제는 영의 기도가 무엇인지 정확하게 알게 되었다. 바로 말씀으로 기도하는 것, 그것이 예수님께서 하신 영의 기도였고, 이 영의 기도를 할때 하나님께서 성령님을 한량없이 부어 주셔서 힘을 받게 되어 영이 단단하고 강건해지는 것이다.

하나님이 보내신 이는 하나님의 말씀을 하나니 이는 하나님이 성령을 한량 없이 주심이니라 _요한복음 3:34

그것이 예수님께서 하신 기도이며, 다니엘이 하루 3차례 기도하여 어떤 고난도 이겨낼 수 있었던 비결이었다.

나도 계속 영의 기도를 하니 약한 부분도 강해지기 시작했다. 생활의 염려에 대한 부분도 하나님을 온전히 믿는 믿음이 있으니 하지 않게 되고 맡겨 버리니 항상 기뻐하고, 쉬지 않고 기도하며, 모든 것을 감사하는 삶이 되었다. 나의 변화는 가족들이 느끼게 되었고, 아이들이 "엄마는 왜 항상 기분이 좋아? 왜 항상 웃어?" 라고 말하기까지 했다. 그것이 기도하며 달라진 나의 가장 큰 삶의 변화였다.

    이것은 마치 삭개오가 호기심으로 뽕나무 위에 올라가서 예수님을 쳐다보고, 예수님께서 삭개오를 불러서 나무에서 내려와 예수님과 가까이 대면하고 이야기를 나눈 것처럼 나도 예수님을 만나 그동안 친밀하게 예수님과 함께한다고 생각하며 살았던 거 같다. 그러나 이 1차적인 만남으로는 부족하였던 것이다. 예수님께서 삭개오에게 너의 집에 거하여야겠다 하시며 삭개오의 집에 들어가 그와 같이 먹을 때 삭개오가 자신의 죄를 스스로 뉘우치며 회개하고 돌이켜 재산의 절반을 가난한 자에게 나누어 주고, 또 잘못한 것은 4배나 갚겠다며 완전히 죄에서 돌이켜 회개의 합당한 삶을 살게 된 것처럼… 나도 매일 예수님의 살을 먹고, 피를 마시며 하나님의 말씀으로 기도를 올리게 되니 진정한 회개로 돌이키게 되고 내 영에 힘이 되고 내가 원하는 삶이 아닌 성령님께서 이끄시는 완전한 삶을 살 수 있게 된 것이었다.

    계속 영의 기도를 하면서 더욱 내 영을 깨끗하고 순결하게 하는 것을 우선순위에 두었고 예수님의 신부로 살아가는 것이 삶의 목표이며 사명이 되었다. [읽는기도] 기도문을 통해 그동안 신부가 되길 원하시는 예수님의 마음을 모르고 천국을 보았음에도 세상의 누더기 같은 옷을 입고 망각하며 살아온 것을 회개하며 얼마나 울었는지 해산의 고통만큼이나 괴로웠다. 다시는 예수님께서 입혀 주신 신부의 옷을 벗지 않겠다고 다짐하며 더 십자가 앞에 엎드리기 시작했다. 그리고 그 마음을 담아 내 인생의 첫번째 책 '우리가 반드시 가야 할 나라'가 출판되었다. 이 책도 하나님께 온전히 드리고 싶어서 책 표지에 내 이름이 아닌 가장 존귀한 이름인 '예수그리스도' 이름으로 올려드리고 책 값도 가장 저렴하게 5천원으로 하여 많은 사람들이 전도용으로 사용하도록 온전히 드렸다.

이렇게 온전하게 깨끗하고 거룩하게 달려가니… 돕는 자들도 있었지만 방해와 핍박이 있었다. 무료 간증 집회 하는 것을 비난하고 대놓고 집회비를 안 받는 것은 틀렸다고 꾸짖는 목회자도 있었다. 매 주일마다 천국 설교를 듣기 원하는 사람들이 모이면서 교회 개척을 하게 되었는데, 결국 핍박으로 계약도 무산되었고 고난이 겹치면서 예수님의 신부로 살아가려는 내게 큰 시련이 왔다. 매일 열심히 영으로 살려고 기도하고 집회에서는 하나님의 심정으로 부르짖은 것 밖에 없는데 생각도 못한 일들이 겹치면서 결국 주저앉게 되었고, 한 달을 눈물로 지내며 어떻게 해야 할지 알지 못했다. 13년 전 죽음의 골짜기를 걷던 때가 떠오르며 세 아들들과 살아갈 것이 막막하고 캄캄했다.

그 때 다시 하나님께서 힘이 되어주셨고 영적인 분들을 만나게 하시고 일어서도록 기도로 밀어주셨고, 어떤 분들은 초대해서 쉼을 주고 안아주시고 먹을 것을 주셨다. 마치 로뎀나무에 쓰러진 엘리야를 어루만져 준 천사같이 그들이 쓰러진 나를 일으켜 주셨다. 그들의 사랑과 격려로 다시금 힘을 내게 되었고 조금씩 몸을 일으키고 영의 기도를 하며 회복되어갔다. 나는 간절히 기도했다. "하나님 저를 심령이 강하여지고 지혜롭게 하소서."

기도하던 어느날 하나님께서 내게 기드온 처럼 '기도 용사들'을 모으라 하셨다. 앞으로는 혼자 싸우지 말고 이들과 함께 기도로 싸우고 함께 하늘의 유업을 받을 자들이 되도록 훈련시키라 하셨다. 그래서 나의 유튜브 채널 '천사모 TV 구독자' 중에서 함께 이 사역을 동역하길 원하는 기도 용사를 모집하였고 '천국의 끝 전사' 이름으로 기도모임이 결성되었다.

천국의 끝 전사들은 매일 영의 기도를 3차례 하고 기도한 목록과 시간을 카톡방에서 매일 보고하고 주간 보고도 하며 기도 훈련을 하였다. 2주에 한 번씩 그룹 화상 통화로 기도모임을 하며 집회를 위해 함께 준비하고 현장 집회에 와서도 함께 영적 전쟁에 참여하여 한마음으로 천국을 향해 전진하고 있다. 천국의 끝 전사들이 함께 하면서 내게도 큰 힘이 되었고, 이들도 영적 성장과 간증이 놀랍게 일어났다. (천국의 끝 전사 간증 25P 참고)

한 달의 공백과 개인적인 고난 속에 있으면서 나는 계속 무료 간증 집회를 해야 할지 기로에 서 있었다. 그때 나를 아끼는 귀한 분들이 조언해 주셨는데, 지금까지 한 것만으로 충분히 하나님께 잘 드려졌으니 자녀 셋과 살기 위해서는 앞으로는 교회에서 주는 사례비를 사양하지 말고 받는게 좋겠다고 하셨다. 또 다른 분은 적어도 교통비와 식비는 받아야 된다고 요청하라고 하셨다. 모두 내 상황을 잘 아는 분들의 사랑 어린 조언이었기에 나도 신중히 생각하고 기도하게 되었다. 그렇지만 내 마음에는 물질의 유혹을 받지 않으려고 '거저 받은것 거저 주라' 말씀을 지키고 싶어서 무료 간증 집회 한 것을 내 상황이 어렵다고 다시 예전처럼 돌아가고 싶지 않았다. 어찌 힘들게 순백의 드레스를 입었는데 다시 누더기 옷으로 갈아 입을 수 있겠는가.. 차라리 굶어 죽는게 낫지.. 그런 마음으로 하나님께 어떻게 세 아이들과 살아가야 할지 간절히 기도했다. 하나님께서는 내게 다시 예수님의 사역을 면밀히 보게 하시고 예수님께서 사역에 필요한 재정을 어떻게 하셨는지 말씀으로 보여 주셨다.

1 그 후에 예수께서 각 성과 마을에 두루 다니시며 하나님의 나라를 선포하시며 그 복음을 전하실새 열두 제자가 함께 하였고
2 또한 악귀를 쫓아내심과 병 고침을 받은 어떤 여자들 곧 일곱 귀신이 나간 자 막달라인이라 하는 마리아와
3 헤롯의 청지기 구사의 아내 요안나와 수산나와 다른 여러 여자가 함께 하여 자기들의 소유로 그들을 섬기더라 _누가복음 8:1-3

예수님도 사역하실 때 필요하신 재정이 있으셨는데 그것을 병 고침 받은 자들 은혜 입은 여자들이 자기의 소유로 예수님과 제자들을 섬기게 하셨다는 말씀을 보게 하셨다. 내게도 '하나님의 나라를 선포하고 복음을 전하는 너에게 이런자들이 너를 섬기게 하라'

하셨다. 이 말씀을 받고 기쁜 마음으로 무료 간증 집회를 하면서 자원하여 이 사역을 동참하고자 하는 이들을 위해 계좌를 '우리가 반드시 가야 할 나라' 책에 공개하게 되었다. 이로써 세 자녀의 양육과 생활의 염려를 주님께 온전히 맡기고 하나님께서 동역의 마음을 주시는 어떤 여인들 같은 자들의 섬김으로 천국 복음을 힘있게 계속 전하게 되었다.

영의 기도로 성령님께 모든 것을 맡기면서 내가 해결할 수 없었던 문제까지 모두 해결 되어갔다. 특히 나의 무거운 짐 같았던 큰아들의 문제가 해결 되었다. 큰아들은 고등학교 자퇴후 검정고시를 고득점으로 통과하고 대학을 수시 지원하여 치료학과에 여러곳 합격하여 또래 아이들보다 1년 먼저 대학을 가는 은혜를 입게 되었다. 안개 속을 걷듯 힘들어 했던 큰아들 또한 영의 기도를 하고 예수님 안에서 자존감을 회복하여 현재 나의 든든한 비서 역할을 하며 매 집회 동행자가 되어 집회 영상을 찍고 편집하여 유튜브 관리를 해주고 있다.

하나님께서는 내게 또다른 사명을 더해 주셨다.

내가 하나님의 열심으로 너희를 위하여 열심을 내노니 내가 너희를 정결한 처녀로 한 남편인 그리스도께 드리려고 중매함이로다

_고린도후서 11:2

"주님 오실 길을 예비하는 자가 되어라! 네가 나의 열심으로 교회 안의 성도들에게 정결한 처녀가 되라고 부르짖어라! 깨워라! 내게 돌아올 자가 너무 적다" 주님의 애타는 말씀에 이 썩어져가는 어두운 시대에 정결한 처녀로 주님 앞에 '중매자'의 역할을 감당해야 됨을 분명히 알게 하셨다. 특별히 다음 세대에 대한 애타는 마음을 주셨다. 청소년과 청년들이 교회에서 이탈하고 학교에서도 왕따를 당하여 기독교인이라는 것을 숨기고 정체성을 잊고 사는 이들, 신앙을 저버리고 세상을 향하여 지옥길로 걸어가는 다음 세대를 붙잡아 돌이키고 천국으로 걷도록 해야하는 불타는 어미의 마음을 갖게 하셨다. 그래서 매 집회 때마다 청소년, 청년들에게 간증책을 선물하고 기도해 주며 그들을 깨우는데 힘을 다하기 시작했다.

어느날 꿈에서 하나님께서 이 말씀을 주셨다.

충성되고 지혜 있는 종이 되어 주인에게 그 집 사람들을 맡아 때를 따라 양식을 나눠 줄 자가 누구냐 _마태복음 24:45

주님 오실 날이 가까운 이 때에 충성되고 지혜 있는 종이 되어서 마지막 때에 맞는 하늘의 양식을 나눠 주라는 강한 말씀에 "아멘" 대답하고, 천국 지옥 간증에서 '회개와 신부단장 영성집회'로 명칭을 변경하게 되었다.

지금은 회개의 시간이다. 그리고 신부로 단장해야 할 시기이다.

그들이 평안하다, 안전하다 할 그 때에 임신한 여자에게 해산의 고통이 이름과 같이 멸망이 갑자기 그들에게 이르리니 결코 피하지 못하리라
_데살로니가전서 5:3

출산이 임박한 여인처럼 이것을 알고 깨어서 기름을 준비하여야 한다. 다 졸며 기다릴 때 신랑이 도둑같이 이른다고 하셨다. 그래서 매일매일 등불이 꺼지지 않게 기름을 채우고 깨어 쉬지 말고 기도해야 한다.

나는 영의 기도를 하며 날마다 나의 신랑되신 예수님을 기다릴 것이다. 그리고 한 영혼이라도 천국에 같이 가기 위해 더욱 힘써 부르짖을 것이다. 집회 때마다 늘 기도하는 것은 집회 참석한 모든 영혼들과 이 집회 영상을 보는 영혼들이 다 깨어나서 천국에서 꼭 만나기를 간절히 바란다. '내 품에 안길 자가 너무 적구나'도 그런 간절한 마음으로 출판하게 되었다. 오직 천국에 한 영혼이라도 더 가서 만나길...간절히 간절히 기도한다.

2025년 따스한 봄 날에...
-천주영 선교사-

목차

책에 대한 대언기도 ‥6

프롤로그 ‥11

1부 그리스도인들의 이야기

천국의 끝전사 이야기 ‥29

천병준 목사의 이야기 ‥43

남다니엘의 이야기 ‥51

2부 천국과 지옥 간증

1. 보석으로 빛나는 섬 ‥‥61
2. 황금 책장의 비밀과 천국의 풍요 ‥‥65
3. 영광의 광채 하늘 보좌, 영의 것을 사모하라 ‥‥68
4. 황금문을 지나 천국의 영광을 만나다 ‥‥70
5. 불의 임재를 막는 우산을 쓴 목사 속의 잠 마귀 ‥‥74

6. 밀짚모자를 벗으라, 지식의 교만이다! ・・・ 83

7. 판단의 안경을 벗으라 ・・・ 85

8. 비가 새고, 쥐가 있는 집 ・・・ 87

9. 짜리몽땅한 양초, 꺼지지 않는 빛과 사역의 축복 ・・・ 89

10. 지식의 방수망토를 벗어버려라 ・・・ 90

11. 예쁘게 꾸미고 장식하는 은사, 섬기라고 주신 것 ・・・ 91

12. 금이 간 요강 단지, 말씀의 역청을 바르라 ・・・ 93

13. 천국문을 여는 찬양의 향연을 보다 ・・・ 95

14. 용서와 사랑으로 고난 속에 쌓아 올린 천국의 집 ・・・ 101

15. 마귀의 조롱,
    네가 죽기 전에 예수하고 상관있게 죽었냐 ・・・ 106

16. 내 사랑 안으로 돌아오라,
    은혜의 강물을 놓치지 마라 ・・・ 113

17. 타다만 재가 묻은 천국 열쇠 ・・・ 123

18. 속이 빈 대나무 No, 열매 맺는 포도나무 YES! ・・・ 126

19. 독기 가득한 개고기 먹은 목사들 이야기 ・・・ 130

20. 어느 사모의 댄스 학원 전도 ・・・ 135

21. 맨 뒤에서 선글라스 끼고 울고 있는 사모 ・・・ 137

22. 너희는 닭이 아니고 독수리야 ・・・ 139

23. 날마다 봄날,
    날마다 행복한 나라, 날마다 사모하라 ··· 141
24. 보이지 않는 연기가 먼저 만들어지는
    천국의 기차 ··· 145
25. 천국에서의 영광과 환희 ··· 148
26. 새까만 내 발을 씻어주시는 예수님 ··· 154
27. 더러운 잡생각, 똥과 구더기로 보여주시다 ··· 159
28. 피로 산 빨간 모자 쓴 십자가 군병 ··· 162
29. 낮고 낮은 사람의 모습으로
    변신하여 계신 예수님 ··· 167
30. 딱딱한 돌에서 말랑한 심령으로 변화되는
    목회자의 이야기 ··· 170
31. 더 깊고 깊은 은사를 사모하라 ··· 179
32. 사소한 것 하나하나 다 나에게 물으라,
    내가 알려주리라 ··· 184
33. 영적 신부로 준비되기 위한 하나님의 메시지 ··· 194
34. 천국의 텅 빈 유리성 - 생각으로 짓는 죄! ··· 197
35. 빛의 자녀와 생명책의 비밀 ··· 202
36. 영적 구멍 차단, 소독제 - 회개의 영 ··· 210

37. 승리의 비결과 동행의 축복 ··· 213
38. 값 있는 기도와 믿음의 비밀 ··· 218
39. 의심을 버리고 믿음의 우산을 접어라 ··· 223
40. "두려움의 우산을 버려라.
    찬양과 믿음으로 능력의 종이 돼라." ··· 225
41. 겸손과 비움으로 영적 부자가 돼라 ··· 228
42. 겸손과 순종으로 은혜의 전쟁에 참여하라 ··· 233
43. 금언과 금식을 함께 할 때 터지는 회개의 영 ··· 237
44. 낮은 자, 약한 자의 모습으로 다가오시는 하나님 ··· 241
45. 말씀 준비 컴퓨터 앞 No,
    제단에서 무릎 꿇고 Yes!" ··· 243
46. 음란한 꿈을 꾸고, 음란한 행동으로 패망하다 ··· 244
47. 보혈의 빨간 모자를 붙들며 마귀를 이겨낸 여인 ··· 247

3부　　　　　　　　　　　　　　기도와 찬양

천국을 향한 신부의 기도 ··· 253
천국 찬양 세 번째 작사를 하며.. ··· 270
나의 작은 빛 ··· 272

1

그리스도인들의
이야기

내게는 거룩한 부담감 '천국의 끝 전사'

_천국의 끝 전사1

　에스더기도운동 채널에서 처음 천주영선교사님의 간증을 듣고 큰 은혜를 받았고 읽는 기도도 알게 되어 책을 구매하고 주위에도 나누며 기도하던 차에, 기드온의 300용사를 모집한다고 하실때, 비교적 가벼운 마음으로 미력하나마 도와야 하지 않겠나 싶어 딱히 하지 않을 명분도 없어서 신청하게 되었습니다. 끝 전사를 모집하는 선교사님의 짧은 동영상에서 '여러분 저의 소망이 무엇인지 아십니까? 저의 소망은 예수님의 품에 안기는 것입니다' 라는 메시지에 저 또한 왈칵 눈물이 쏟아지기도 했습니다. 왜냐하면 저의 소망도 그와 같기 때문입니다. 같은 소망을 가진 종이라면 함께 할 수 있겠다는 마음도 들었구요.

　그런데 신청서를 작성하고 보내기 버튼을 누르려는 순간, 왠지 엄청 망설여지더군요. 한참을 누르지를 못하고 그대로 버튼 위에 손가락을 올린 채 망설였습니다. 뭔지 모르게 이게 가벼운 일이 아니라는 거룩한 부담감 같은 거라고 해야 할까요? 그런게 느껴졌습니다. 이제와 보니 그 느낌이 맞는 거였습니다. 그냥 단순한 중보기도팀이 아닌 것이었죠.

　끝 전사에 소속되고 보니, '우리가 반드시 가야할 나라'를 다시 한번 정독해야겠다는 생각이 들어서 다시 읽어보며, 천국 간증뿐만 아니라 앞부분의 어릴적 성장 과정의 간증이 새삼 큰 울림과 도전, 감동이 되었고 무엇보다 선교사님의 사명은 단지 천국 지옥을 전파하는 간증자가 아니라, 천주영 이름이 주는 예언적 의미 그대로 주님 다시 오실 길을 예비하는 마지막 때에 주님이 세우시는 세례요한과 같은 하나님의 종의 사명이라는 것을 인식하게 되었습니다. 선교사님과 함께하는 끝 전사 또한 주의 길을 예비하는 동일한 사명으로 소집된 하나님의 군대라는 것을 요.

끝 전사 카톡방에 하루 동안의 영의 기도한 시간과 내용을 올리기 시작하며 기도에 불이 붙는 느낌이 들었고, 얼마 후 '가족들이 다 모여있는데 하늘에서 뭔가가 네 머리 위로 떨어지는 것을 보며 화들짝 놀라 꿈을 깼다'시며 평생 처음 꾸는 이상한 꿈을 꾸었다며 전화한 엄마의 꿈을 통해 기도의 불이 정말로 내 위로 떨어지고 있으니 열심을 내라고 주님이 독려하심을 느끼기도 했습니다. 천주영 선교사님과 카톡방에서 읽는 기도 과제를 올리며 함께 기도하니, 기도가 잘된다고 전하며 평소 기도 제목을 나누는 분들과 우리도 그렇게 하자고 권하니, 세분 모두 하겠다고 응답하여 네 명이 모인 카톡방에서도 하고 있는데, 그 중 두분은 아직 시작을 못하고 계시네요. 한 분은 2주 째인데 하루도 빠짐없이 올리고 계십니다.

거룩한 부담감..육신적으로는 부담스러우면서도 영으로는 끌리는..진정한 주님의 부르심은 그런거 같습니다. 사실 오래 전부터 그러한 부담감이 없지 않았습니다. 내 입에서는 달지만 내 배에서는 쓰게 되는 주의 말씀..그러나 주님은 읽는 기도를 통하여, 끝 전사모임을 통하여 또 한번 훈련하시고 이끄시는 것 같습니다. 그 거룩한 부르심으로..육으로는 부담스럽지만 거부할 수 없는 영의 강권하심으로..나는 도저히 할 수 없고 따라갈 수도 없지만, 주님을 신뢰하기에, 겨자씨 만도 못한 작은 믿음이지만, 남들이 잘 찾지 않는 좁고 협착한 거룩한 그 길을 주님이 친히 이끌어 인도하실 줄 믿습니다. 천주영 선교사님과 끝 전사님들을 향한 주님의 선하시고 기쁘시고 온전하신 뜻만이 이루어지길 믿고 기도합니다.♡

짓누르던 형제의 고통에서 자유하게 됨

_천국의 끝 전사2

저는 가족중 형제와 30년 가까이 화목하지 못한 상황이었고 세월이 지날수록 억울함, 분노, 섭섭함, 상처를 받았다고 느끼는 감정이 눈덩이처럼 커져만 갔습니다

성경에서 서로 사랑해라! 화목해라!..말씀을 보며 지키지 못하는 저의 모습에 정죄감과 괴로움으로 회개도 했지만 주기적으로 또 다시 불편한 일들이 일어났고 저는 스트레스성 위염과 부정맥..으로 육체의 고통 중에 살았습니다. 형제를 생각하면 위에는 커다란 돌이 있는 것처럼 늘 힘들고 심장도 폭발적으로 뛰며 공황 증세까지 와서 숨을 쉬기도 힘들었습니다. 17년 전부터는 서로 교회도 다니

며 말씀도 듣는데 이렇게 살아서는 안되겠다 악한 영에게 눌려살면 안되겠다는 생각으로 나름 기도도 했지만 그때뿐.. 변화되지 못했습니다.

정말 믿음도 없고 기도도 할 줄 몰랐고 주님의 이름을 부르기도 죄송한 마음뿐이었습니다. 그러던 중 9월에 읽는 기도 책을 알게 되면서 기도 한 구절 한 구절이 모두 저의 상태이고, 죄인 것을 깨닫게 되었습니다. 제가 늘 억울하고 상처받았다고 생각했지만, 모두가 저의 교만이었고 자기의 라는 것을 회개하며 제 힘이 아닌 성령님의 힘으로!! 저를 제발 살려달라고 죄를 이기게 해주시기를 주님께 간구하며 기도를 따라 했습니다.

그런데 읽는 기도를 하던 중 꽉 누르고 있던 돌덩이의 느낌이 사라졌고 형제에 대한 부정적인 기억, 말들이 전혀 생각나지 않게 되었습니다! 몇 달을 기도한 것도 아니고 불과 2주만에 읽는 기도를 하며 경험하게 된 일이었습니다. 늘 어두운 영이 짓누르는 것 같은 고통에서 저는 2주만에 완전히 자유한 마음으로 바뀌었고 수십 년간의 어두움이 떠나갔습니다. 아무리 사랑하고 싶어도 제 힘으론 형제를 사랑하지 못했는데 주님의 마음을 알게 하시고 사랑하는 마음과 긍휼한 마음을 품게 해 주셨습니다!

'우리가 반드시 가야할 나라' 책을 읽으며 어디서도 듣지 못한 천국을, 막연하게만 생각되었던 천국에 대해 소망을 가지게 되었습니다. 천국 간증을 전하시는 천주영선교사님의 귀하신 발걸음에 기도로 동역하고 예수님 오시는 날을 예비하는 끝 전사가 되길 바라는 마음으로 신청하게 되었습니다. 끝 전사가 된 이후에 하루에 1시간도 기도하기 힘들었는데, 꾸준히 기도할 수 있게 변화되어 감사합니다. 두려움이 사라지고 예수님의 이름으로 마귀를 대적할 수 있다는 담대함도 생기게 되었습니다~끝 전사로 초대해 주셔서 하나님께 진심으로 감사드립니다♡

'천국의 끝 전사'가 되고 단순해진 삶

_천국의 끝 전사3

저는 어떤 영적 체험이나 특별한 것이 없습니다. 그러나 제가 예수님을 처음 믿고 너무 좋아하고 행복했던 것이 이제 보니 진리의 반쪽이었음을 알고는 많이 헤매었습니다. '구원'이 너무 쉽게 난무하고 세상이 타락하고, 저 또한 죄에 넘어지고 타협하고 살아도 전혀 무감각 했었습니다. 그러다가 몇 분의 주의 종들의 회개 천국 지옥 간증 설교들을 듣고 깨어나던 중 천주영선교사님 천사모 TV 채널을 통해 '천국의 끝 전사'가 되었습니다. 사실 신부, 끝 전사 라는 단어가 저에게는 생소할 때가 있습니다. 그러나 지금은 나약할 때가 아니란 걸 압니다. 더욱 힘써 예수님을 의지하고 예수님만 따르고 죄와 싸워 이기며 오직 주님 나라를 위해 선한 싸움하여 나아가길 원합니다. 끝 전사들과 영의기도를 하면서 기도할 수 있다는 용기가 생겼고 제 삶이 아주 단순해졌습니다. 생계 유지로 직장도 다녀야 하고 손주도 케어해야 하는 가운데서도 불필요한 만남, 외출, 지출이 줄었습니다.

미력하나마 천주영선교사님 사역에 도움이 되는 자가 돼야 하는데 부족함이 많아서 죄송하기도 합니다. 그래도 힘을 내겠습니다. 힘 주시는 하나님을 믿습니다!~ 모든 영광 주님께 올립니다!

'천국의 끝 전사'로 부름 받고 기적의 일

_천국의 끝 전사4

천국의 끝 전사로 부르실 때 내가 할 수 있을까 망설였어요. 나이도 있고 핸드폰도 잘 못하는데 걱정이 문득 앞서더라고요. 그렇지만 하나님을 향한 마음과 함께 끝 전사로 부름받고 싶어졌어요. 끝 전사로 부름받고 저에겐 엄청난 기적과도 같은 일들이 생겼어요

딸과 아파트 분양하는 곳에 구경갔어요. 가지고 있는 돈이 얼마 안 돼서 보고만 오려고 했는데 설명을 들으니 좋고 아깝다는 생각이 들었어요. 딸이 주님께 기도해 보자고 해서 화장실에 가서 기도를 했어요. 하나님께서 딸에게 음성으로 말씀하셨어요. '계약하라고.' 그래서, 또다시 여쭈었어요. "주님 저희에게는 저 아파트를 살 돈이 없습니다." 주님께서는 우리에게 주시는 선물이라고 하시고

계약하라고 하셨으며 '내가 해결하리라'라고 하셨어요. 은퇴 후 어디에서, 또 어느 집에 살아야 하는지, 몇 년간 고민이 많았고 해결하지 못한 문제였지요. 주님께서는 한 번에 지역과, 살 집을 해결하여 주셨어요. 하나님의 엄청난 기적과도 같은 일들이 읽는 기도와 끝 전사로 부름받고 생긴 일입니다. 저로선 감당이 안 되는 액수라 하나님을 신뢰하며, 내가 해결하리라는 주님을 온전히 믿고 나아가려 합니다. 주님을 찬양합니다.

　추석 전후로 집의 지하수가 2주간 나오지 않았습니다. 17년 동안 살아오며 물이 안 나온 적이 없었는데 알아보니 집 위쪽의 산업단지를 공사 중에 지하 땅이 흔들려 물이 안 나온다고 했습니다. 내 삶은 하나님께서 공급해 주시지 않으시면 일상생활도 되지 않는구나. 주님께서 깨닫게 하시고 주님의 공급으로 살았구나 오히려 감사했습니다. 원래 사용하던 지하수에는 수질검사를 하면 납 등, 안 좋은 중금속 물질이 포함되어 있었습니다. 이번 일을 통해 주님께서 만남의 축복을 주시어 기자를 붙여 알아보게 하셨고, 산업단지 공사, 군청, 수도국과 이야기하여 무료로 상수도를 공사해 준다고 결론이 지어졌습니다. 주님께서 공급해 주시는 정말 깨끗하고 맑은 물을 주심에 또한 삶에 공급해 주심에 너무 기쁘고 감격했습니다. 공급해 주시는 주님만을 의지하며 나아가기를 소망합니다.

　또한, 읽는 기도를 하다 보니 남의 허물을 덮어주는 마음이 저절로 되는 것을 알게 되었어요. 남의 허물을 말하고 싶지 않고 덮어주고 주님을 바라보는 마음..... 저로서는 놀라운 일이 아닐 수 없어요.

놀라운 일을 행하신 주님께 찬양과 경배를 올려 드립니다.

"우리가 우리에게 죄 지은 자를 사하여 준 것 같이" (마 6:12)

_천국의 끝 전사5

저는 결혼 32년차 입니다. 결혼 당시 시댁 식구들과 남편이 교회를 다니고 있었고 남편과 결혼 허락을 받으러 갔을 때 어머니께서는 "내 아들은 어디 내놓아도 손색이 없고 잘 생겼는데 너는 너무 못생겨서 싫다 그렇지만 교회를 다닌다고 하니 허락해 주마" 라고 하셨습니다. 그 말씀이 너무 상처가 되었지만 서로 사랑하기에 대수롭지 않게 생각하고 결혼해서 첫아이를 낳았습니다. 임신이 되자 어머니는 반드시 아들을 낳아야 된다고 하셨고 남편도 "아버님도 독자이시고 자기도 장남이니 아들을 낳으면 호강하고 살 거야" 라고 말했습니다. 그러나 딸을 낳았고 자연분만이 어려워 수술을 하여 일주일동안 병원에 입원해 있어야 되었는데 시모님 병원으로 전화하셔서 "자연분만도 못하고 수술까지 해서 겨우 딸을 낳고 입원까지 하였느냐 너희 아버지 딸 낳았다는 소리 듣고 밥상 엎으셨다" 그 말씀 하시더니 뚝 끊으셨습니다. 입원 3일째 전화를 하셨는데 당시 어머니 여동생, 저에게는 시이모님께서 아들이 둘 있는 상태에서 저랑 비슷한 시기에 임신을 하셨는데 늦둥이 아들을 저보다

3일 뒤에 낳으셨다고 "네 이모 아들 낳았단다 가서 애 바꿔와라" 하시더군요 저는 그 말이 비수가 되어 종일 울고, 저녁에 퇴근하고 온 남편한테 가서 애 바꿔다 드리라고 병원이 떠나가라 울며 소리를 질렀습니다.

　이렇게 시모님은 입에서 나오는대로 거침없이 하셨고 이후로 저는 오기로 아들을 낳으리라고 셋째까지 낳았지만 딸이었습니다. 셋째도 병원에서 더 이상 수술은 위험해서 안 된다고 만류했지만 오기로 낳아야 했습니다. 저는 오기가 생겨 반드시 아들 낳을 때까지 낳으리라 생각하고 목사님께 넷째를 낳아야겠으니 이번에는 꼭 아들 낳도록 기도해 달라고 말씀드리니 목사님이 난감해 하셨습니다. 그 당시 목사님은 시모님 남동생이셨고 젊어서 무당을 하시다가 법당에서 기도 중에 "내가 살아있는 참신이다"라는 하나님의 음성을 듣고 바로 법당을 부수고 신학교를 가셔서 목사님이 되셨기에 신유, 예언의 은사가 있으셨지만 누나 집안을 잘 알고 계셨기에 조카며느리가 목숨 걸고 아들 낳는다 하니 찬성도 반대도 어려우신지라 " 내가 산에 올라가서 기도하고 오마 조금만 기다려라" 하시고 산에 올라가셔서 금식하고 기도하시며 일주일 만에 응답을 받고 오셨습니다.

　시모님과 가족들을 모여놓고 말씀을 하시는데 "하나님께서 너에게 아들 안 주신단다. 너희 시댁이 예수님은 믿지만 지금까지도 제사 지내며 우상숭배를 하고 있으니 하나님께서 화가 나셨구나" 하시는 겁니다. 그러시며 "매형 이제 제사는 그만 지내시죠~" 하셔서 그때부터 제사는 안 지내게 되었지만 그래도 저는 목사님께 "그래도 회개기도 하면 아들 주시지 않을까요? 저 회개기도하고 아들 낳을 겁니다." 제가 너무 간곡하게 말씀드리니 목사님도 마지못해 기도하고 해보자 하십니다. 친정식구들과 시누이가 "아빠 이러다 언니 죽어~ 언니에게 그만하라고 해" 아버님께 울며 사정했지만 아버님은 아무 말씀도 없으시기에 또 낳기를 바라는 지의 뜻에 동의하신 걸로 받아 들였습니다. 어렵게 수술을 해서 낳았지만 하나님의 말씀은 번복함이 없으셨고, 딸을 낳을 때마다 시고모님들, 시이모님들 병원을 눈물바다로 만드셨는데 넷째도 또 딸을 낳고 보니 이제는 눈물도 안 나오시나 봅니다. 목사님께서 아버님께 "조카 며느리가 할 만큼 했고 하나님도 아들 안 주신다 했으니 이제 포기하세요" 하시며 저에게 끝까지 말리지 못해서 미안하다고 하십니다. 그제서야 아버님께서 "애썼다" 한마디 하시는데 얼마나 서러움이 복받쳐 오던지요. 그 후로 수 없는 어머니의 모진 말들과 사람들 앞에서는 "우리 며느리 최고" 라고 하시는 이중적인 모습에 상처와 미움만 쌓여 갔습니다.

막내를 낳고 얼마 지나지 않아 목사님께서 우리 부부를 부르시더니 남편에게 "김집사야 하나님께서 네가 신학교를 가야 된다고 말씀하신다" 조카며느리가 어려서 사모 서원을 한 것을 하나님이 기억하고 계신다" 라고 말씀하시니 남편이 펄쩍 뛰며, 내가 왜 신학교를 가야 하느냐고 갈 수 없다고 합니다. 저는 목사님 말씀을 듣고 속으로 너무 좋았습니다. 당시 남편은 믿음이 없었기에 외삼촌 때문에 교회는 체면치레로 다녀도 제가 철야 기도며, 성경공부며, 교회 봉사며 조금이라도 늦게 오면 여러 가지로 말도 못 하게 핍박을 했고 어떤 날은 금요철야 기도하고 늦게 왔다고 문을 안 열어주어 아이를 업고 밖에서 한 시간도 넘게 떨었던 일도 있었기에 남편이 신학교를 가면 적어도 교회 간다고 핍박은 하지 않을 것 같았기에, 교회 가서 맘껏 기도할 수 있을 것 같았기에, 그렇게 남편은 3년 넘게 버티다가 하나님께서 이리 막고 저리 막고 결국은 바닥까지 내려놓으시니 그제야 두 손 들고 뒤늦게 신학교를 갔습니다.

　하나님의 은혜로 목사가 되어 12년동안 시골교회에서 사역하게 하시고 지금은 하나님께서 선교의 사명을 주셔서 베트남 선교사로 사역 중입니다. 제가 8살 때쯤 친정 고모님이 사모님이셨는데 고모 사택에 놀러 가면 하얀 와이셔츠에 넥타이를 메고 늘 책상에 앉아서 말씀을 보시던 고모부(목사님)가 너무 좋아 보이고 사모님도 아이들이 학교 갔다오는 주일학교 아이들에게 간식을 챙겨주며 사랑해 주는 모습이 어찌나 좋아 보이던지 "나도 고모처럼 되고 싶다" 속으로 생각했던 것이 하나님께 서원이 되었답니다.

　저는 지금까지 어머니에 대한 미움과 상처로 마음에 늘 바윗덩어리를 얹고 살면서도 내 안에 있는 미움을 회개하고 용서해야 되는 것을 알면서도 하나님께는 " 아니요 저 용서 안 합니다. 용서 못 합니다. 억울해서 용서 못 합니다. 어머니 나이 들어 힘이 없을 때 내가 다 받은대로 갚아줄 겁니다." 라고 생각하며 어머니에 대한 미움만 키워놓았는데 주기도문 할 때 "우리가 우리에게 죄 지은 자를 사하여 준 것 같이" 이 말씀이 늘 마음에 걸리고 주기도문을 자신 있게 올려드리지 못했습니다. 그런데 천주영 선교사님을 만나고 영의 기도를 계속적으로 하며 자꾸만 회개해야 되겠다는 마음이 들었고 이번 사순절 기간 새벽 기도를 가면서 하나님 하루에 한 가지씩 회개 기도를 할 수 있도록 목사님 말씀이나 찬양을 통해 깨닫게 해주세요 했는데 정말 주님께서 매일 한 가지씩 내가 과거에 잊고 있던 죄들이 생각나고 회개하도록 하셨습니다

사순절 둘째 주 첫날 새벽에 하나님께서 강력하게 시어머니에 대해 회개하도록 회개의 영을 부어주셔서 울며 불며 회개 기도를 했는데 주님께서 회개가 전부가 아니다 어머니께 용서를 구해야지 하셔서 그 자리에서 바로 울면서 어머니께 그동안 어머니를 미워해서 죄송하고 잘못했다고 용서해달라고 못되게 굴고 일부러 어머니 마음 아프게 해드려 죄송하다고 용서를 구하니 어머니께서도 저에게 미안하다고 하셨습니다

이제부터는 잘해드릴 테니 아프시지 말고 건강하게 오래오래 사시라고 전화를 끊고 나니 주님께서 또 감동을 주십니다. 네가 용서를 구해야 할 사람이 또 있지 않느냐 하시며 남편과 시누이를 생각나게 하십니다. 시댁 다녀올 때마다 어머님에 대한 미움과 원망이 올라올 때마다 우리 목사님께 원망하고 미워하며 종알대고 쏟아낼 때 나로 인해 남편이 상처받고 있었다는 것을 깨닫게 하셔서 베트남에 계신 목사님께 바로 전화를 드렸습니다.

베트남은 한국보다 2시간 늦어 새벽 5시인데 목사님이 바로 전화를 받으시며 나의 전화를 기다리고 계셨다고, 내가 울면서 모든 상황을 말씀드리고 용서해달라고 말했을 때 목사님께서 "당신한테 이런 전화 받게 하시려고 하나님께서 그런 꿈을 꾸게 하셨나보다" 하시며 꿈에 내가 커다란 기둥에 밧줄로 꽁꽁 묶여있어서 우리 목사님이 도대체 누가 우리 아내를 이렇게 묶어놓았냐고 하시며 목사님이 나의 밧줄을 다 풀어주었답니다. 그랬더니 내가 너무나 해맑게 웃으며 자기야 나 괜찮아 고마워~ 하더랍니다. 그래서 무슨 일인가 싶어서 전화를 기다리고 계셨다고~시누이에게도 전화로 용서를 구하고 나니 정말 감사하고 기뻤습니다.

그날 이후로 마음이 얼마나 평안하고 기쁘고 행복한지 수 중에 돈이 떨어져가도 걱정이 안되고 편안하기만 합니다. 주님께서 항상 기뻐하라는 것이 이런 것이구나 느끼면서 왜 진작 회개하고 내려놓지 못하고 시간 낭비를 했을까? 내가 너무 완악했구나, 생각이 들면서 주님께 너무 죄송하고 내가 회개하지 않고 용서하지 못 한다고 아니, 용서 안 하고 다 갚아줄 거라고 할 때마다 주님 마음이 얼마나 아프셨을까?

지금 이 글을 쓰면서도 또 눈물이 납니다. 주님 죄송합니다. 그리고 더 늦지 않고 지금이라도 회개할 수 있도록 은혜 주셔서 감사합니다. 감사합니다. 악한 저를 내치지 않고 기다려 주셔서 감사합니다. 주님 이제부터 주님께서 가르쳐 주신 주기도문을 자신 있게 올려드리겠습니다.

늘 기뻐하며 늘 감사하며 늘 주님께 기도하며 나갈 수 있는 믿음의 능력을 부어 주시옵소서 이제부터는 지금까지 사랑하지 못하고 미워하여 나 때문에 상처받고 힘들어했던 어머니와 남편을 사랑하고 사랑하고 또 사랑해서 그들이 치유받고 회복되고 내가 지금 누리고 있는 이 기쁨과 이 행복과 평안을 같이 누릴 수 있도록 사랑할 수 있는 사랑의 은사를 넘치도록 부어 주시옵소서 예수님의 마음으로 사랑하게 하옵소서 하나님, 예수님, 성령님 사랑합니다. 오래 참고 기다려주신 사랑 많으신 예수님의 이름으로 기도합니다.

아멘! 아멘! 아멘!

- 천국의 끝전사 -

사랑하는 딸과 함께하는 마지막 사명

_천병준 목사 (천주영선교사 부친)

먼저 사랑하는 저의 딸 천주영 선교사를 이 시대에 천국 복음 전파자로 사용하여 주신 하나님께 감사와 영광을 올려 드립니다.

저는 천주영 선교사의 아버지로 침례교단에서 40년 목회한 목회자입니다.

저는 1970년대 천 선교사가 태어난 얼마 후에 교회를 개척하게 되었습니다. 저의 가정에 주신 첫 번째 선물인 딸의 출생으로 저와 아내는 기뻐하고 감사하였습니다. 처음 안아보는 딸아이를 보며 이름을 짓는데, '이 딸이 살아있을 때 예수님께서 오지 않으실까? 그러면 우리 딸이 예수님을 맞이하는 딸이 되면 좋겠다'는 생각이 들었습니다. 그래서 주인 주(主), 맞을 영(迎)으로 주님을 맞이하라는 뜻인 '천주영'이라고 이름 지었습니다. 딸 이름을 "주영아, 주영아" 부르면서 계속 예수님 오심을 준비하고 상기하게 되길 간절히 바라는 마음도 함께 있었습니다.

그런데 주영이가 태어나면서부터 젖도 잘 먹지 않고, 입술이 파랗고 몸은 날로 야위어 갔습니다. 병원에 데려가 진찰을 받으니 의사가 '선천성심장병'이라고 했습니다. 심장에 구멍이 나서 피가 제대로 돌지 않아 건강이 나쁘고 성장도 잘 안된다고 하였습니다. 고치는 방법은 수술밖에 없다고 하였습니다. 그 당시 심장수술을 하려면 천만 원 이상의 돈이 필요하다고 하였습니다. 지금 돈으로 환산하면 오천만 원이 필요하다는 것입니다. 저는 그 당시 교회를 개척한 전도사로서 가진 것이 아무것도 없는 상황이었습니다. 저와 아내는 어찌할 도리가 없어 기도하며 기다릴 수밖에 없었습니다. 주영이는 늘 허약했고 감기에 늘 걸리고, 또래 아이에 비해 체구도 작고, 잘 뛰지도 못했습니다. 그래도 딸은 성격이 참 밝고 잘 웃는 아이여서 가정에서 우리에게 웃음을 주는 딸이었습니다. 저는 아버지로서 밝지만 늘 병약한 딸을 보며 더욱 마음이 아팠습니다.

그런데 개척한 지 5년이 지났을 때 저의 교회에 새로 등록한 교인 중에 방송국에 근무하는 분이 계셨습니다. 그분이 주영이가 심장병이라는 말을 듣고 고칠 수 있는 길을 알아보겠다고 하더니 부천에 아동 심장수술을 해주는 병원이 있다고 하였습니다. 수술비는 여의도순복음교회에서 '심장병 어린이를 도웁시다' 캠페인을 통해 부담해 준다고 부천병원에 입원하여 수술을 받으라고 안내해 주었습니다. 오랜 기다림이었지만 진행은 급하게 이루어졌고, 저는 감사하며 주영이를 데리고 부천병원에 입원시키고 수술을 받게 하였습니다. 하나님의 은혜로 수술은 잘 되었고 퇴원 후 주영이는 건강을 회복하여 또래 아이들처럼 음식도 잘 먹고 건강한 아이로 성장하게 되어 초등학교에 입학하였습니다. 이 모든 것이 하나님의 은혜로 된 것임을 찬양 올려드립니다.

제게는 1남 2녀의 자녀가 있습니다. 큰 딸 주영이가 자랄 때는 개척 시기여서 아이를 잘 먹이지도 입히지도 못했지만 둘째 아이가 태어날 당시 부터는 교회가 부흥이 되고 안정적인 목회를 할 수 있었습니다.

　대전 용전동에서 천막치고 개척했던 교회는 15년만에 땅도 매입하고 2번의 건축을 하고 본당과 교육관과 사택이 있었습니다. 그렇게 평안하던 어느 여름 주일 오후에 갑자기 교회 본당에서 전기합선으로 화재가 일어났습니다. 불은 삽시간에 조립식으로 지어진 교회를 삼켰고, 교육관까지 전소되었습니다. 다행히 사택에 불이 옮겨 붙지 않았고, 다친 사람도 한 사람도 없었습니다. 교회 뒤편에 주택이 붙어 있었고, 돌담 사이에는 LPG가스통까지 있었으나 폭발도 없어서 다른 피해가 없도록 하나님께서 막아주심을 느꼈습니다.

　이 후 예배 장소를 놓고 기도하고 하나님의 뜻을 바라보는 중에 서구 만년동에 땅을 알게 되어 성도들과 매일 하루 3차례 기도하고 땅 밟기를 하며 그 땅을 주시길 간구하였습니다. 하나님께서는 서구 만년동에 지하2층, 지상3층의 건축을 할 수 있도록 모든 설계사와 건축사를 붙여주셔서 순적하게 건축과 함께 이전하게 되었습니다.

　처음 불이 났을 때는 암담하고 하나님의 뜻을 알 수 없었으나, 모든 것이 하나님의 뜻가운데 진행되는 것을 보며 [이는 내 생각이 너희의 생각과 다르며 내 길은 너희의 길과 다름이니라 여호와의 말씀이니라 -사 55:8] 말씀대로 이루심을 보게 되었습니다.

　그 당시 대전은 서구 개발이 활발했던 때라 서구 만년동에는 새 도시가 형성되어 전도가 아주 잘되고, 교회는 나날이 부흥하였습니다. 어느새 300명의 성도가 생기고 목회는 중형화되어 갔습니다. 그러나 참 부끄럽게도 저의 목회를 뒤돌아 볼 때 이때가 주님 앞에 많이 죄스런 시간이었습니다. 성도들 앞에서 설교를 잘 하고 싶어서 이성적이고 논리적인 육적인 설교를 했고, 사람을 의식했고, 교만했었습니다.

그때쯤 결혼한 큰 딸 천주영선교사 부부를 저희 교회에서 파송하여 태국으로 선교를 보냈는데, 3년만에 철수한다는 소식에 크게 실망했습니다. 그 당시 딸의 힘듦보다 선교를 4년 마치면 안식년을 받게 되는데 1년을 못 참고 들어온다는 것이 나의 체면과 위신에 흠집을 내는 것 같아 용납이 안되었습니다. 딸에게 모진 소리도 하고 돌아보지 않았습니다.

나중에 알게 되었지만 딸이 그렇게 힘든 시간을 보낸 것을 알고 정말 미안했고, 주영이가 천국과 지옥을 보았다는 소리를 듣고 조금씩 저를 돌아보게 되었습니다.

어느날 주영이가 천국에서 저의 어머니와 여동생을 만났다고 자세히 얘기하는데 그 모든 것이 믿어지고 천국 소망을 다시 품으며 눈물로 회개하고 회개하는 시간을 갖게 되었습니다. 다시 천국을 본 주영이가 "아빠집이 예전에는 너무 작고 볼품 없었는데, 지금 조금씩 천사들이 증축하고 있어요"라고 말하며 저의 천국 집을 설명하는 것을 들으며 하나님께 감사의 눈물을 흘렸습니다.

시간이 흘러 40년 가까이 목회를 하다가 어느덧 나이가 70이 되어 은퇴하게 되었습니다. 그런데 은퇴한 후에 몸에 이상이 생기게 되었습니다. 소변이 잘 나오지 않고 30분마다 화장실을 가야하고 아팠습니다. 예전부터 몸이 아파도 병원에 가지 않고 기도하고 기다리면 자연히 치료가 되었기 때문에 언젠가 낫겠지 하고 대수롭지 않게 생각하고 참고 지냈습니다. 그러나 점점 증상이 심해지고 통증에 고통을 호소하자 자녀들이 병원에 가라는 성화에 못 이겨 동네 병원 가서 진료를 받았습니다. 그러자 의사는 놀라며 빨리 큰 병원을 가보라고 하였고, 대학병원 의사는 여러 검사를 하더니 전립선 말기 암이라며 암세포가 이미 전신에 퍼졌고 뼈로 전이되고 폐까지 전이되기 직전이라고 하였습니다. 말기 암이라서 수술도 방사선 치료도 못하고 약물치료를 하다가 약이 듣지 않으면 끝이라면서 시한부로 3년을 얘기했습니다. X-ray 촬영 사진을 보니 흰색이어야 할 뼈 사진이 온통 까만색으로 덮여 있었는데 뼈암이라며 심각하다고 설명했습니다. 전립선암 수치도 정상인은 4.0인데 저의 암수치는 1260 이라면서 의사는 지금까지 본 환자들 중에 손가락안에 들 정도로 심각한 환자라고 하였습니다. 집에 돌아와 이제 내가 이 세상에서 다 살았구나 이제 하나님 아버지께 갈 날이 가까웠다고 생각하고 기도로 내 삶을 주께 맡기고 남은 생을 살기로 하였습니다. 그날 이후 매일 새벽 기도를 결심하고, 시작한 첫 날 집에 돌아와 성경을 읽는데 시편118편이었습니다. 그 시편은 제가 목회하면서 수십번 읽었던 말씀이었습니다. 그런데 그날 아침 그 시편은 마치 하나님께서 제게 주신 말씀으로 생각되었습니다. 특별히 17절 말씀이 제 마음에 확신으로 다가왔습니다. [내가 죽지 않고 살아서 여호와의 행사를 선포하리로다] 이 말씀이 레마로 들려지며 의사가 뭐라고 하든 나는 죽지 않고 살아서 여호와의 행사를 선포하게 되리라 믿음이 생겼습니다. 그 말씀을 받고 새벽기도를 나가면서 결심이 약해지지 않도록 일천 번제를 드리기로 마음먹고 매일 만 원씩 감사헌금을 준비하여 드렸습니다. 당시 저의 수입은 연금으로 받는 얼마간의 돈이 전부인데 수입의 절반가량을 헌금으로 드려야 했습니다. 일천 번제 헌금을 드리면 제 생활이 어려워지고 계속 드릴 수 없을 것 같았는데 신기하게도 헌금을 드려도 생활을 충분하게 할 수 있었고 매일같이 일천 번제를 하루도 빠짐없이 드릴 수 있었습니다. 어느 덧 일천 번제 횟수가 500번가량 되었을 때 곧 천 번이 채워지겠다고 생각되었습니다. 천 번이 채워지면 의사가 말한 3년이 끝나는데, 안 되겠다 일천 번제를 삼천 번제로 올려야겠다고 생각하였습니다. 다윗의 드린 삼천 번제가 생각난 것입니다. 그리고 하나님께 제가 삼천 번제를 드릴 때까지 살려주시면 주님 오실 때까지 주님을 기다리며 살고 싶습니다. 소원을 올려드렸습니다. 일천 번제가 끝나갈 무렵부터 전립선 수치가 기하급수적으로 떨어져서 1260이던 수치는 0.02로 떨어져서 의사가 놀라고 검사하면 암세포가 보이지 않는다며 기뻐해 주었습니다. 건강도 점점 좋아져서 주변에서 회춘했냐는 농담을 들을 정도로 회복되었고, 좋아하던 색소폰 연주로 선교활동과 교회에서 수업도 지도하게 되었습니다.

2024년 10월 어느날 천주영선교사가 친정에 와서 저와 이야기를 나누던 중 은퇴후 혼자 살고 있어 적적하니 너와 같이 천국간증집회를 가고 싶다고 했습니다. 그러자 딸은 흔쾌히 승낙하면서 아빠도 간증도 하시고 색소폰 연주를 하여 하나님께 영광 올려 드리시라고 하였습니다. 그래서 저는 기쁜 마음으로 그날부터 천선교사와 함께 전국을 다니며 천국 복음을 전하는 동역자가 되었습니다. 이 모든 것이 하나님의 은혜입니다.

   3년밖에 못 살거라는 의사의 진단을 받았으나 지금 10년차 살고 있으며 제가 우리 딸 천주영선교사를 이름 지었던 그 의미대로 [주님을 영접하라] 다시 오실 주님을 기다리며 천국을 준비하게 해주시니 이보다 더 좋을 수가 없습니다.

   예전에 딸에게 모질게 하고 업신 여기고 상처 주었던 못난 아비를 용서하고 집에 모셔와 섬겨주는 사랑하는 딸 천주영선교사와 세 손자들과 함께하는 이 시간이 이미 천국이며, 무엇보다 3대가 함께 모여 매일 드리는 가정예배 속에서 〈읽는기도〉책으로 영의 기도문을 읽으며 기도로 매일 깨어있게 하심이 감사합니다.

    지난 젊은 시절 철 없이 사역하고 자기 의를 나타내던 못난 종을 용서하시고 노년에 다시금 사랑하는 딸과 다시 오실 주님의 길을 예비하게 해주시니 하루하루가 그저 감사하고 사명을 다할 수 있음에 더없이 행복합니다.

     요즘 밤마다 꿈을 꿉니다. 목회하는 꿈, 설교하는 꿈을 꾸게 하시는데, 과거의 부끄러움을 하나님께서 꿈을 통해 다시금 회복시키시고 꿈으로라도 새롭게 올려드릴 수 있게 하심에 잠에서 깨면 눈물로 감사 기도를 올려드립니다.

　마라나타! 주 예수여 어서 오시옵소서!

나의 나 된 것, 나의 나 될 것은 오직 말씀대로 사는 삶

_남다니엘 (천주영 선교사의 장남)

저는 외로운 아이였습니다.

생후 6개월 되었을 때 선교사인 부모님을 따라 태국에서 유아기를 지냈고 태국 유치원에서 친구를 사귈 때쯤 한국으로 돌아와야 했습니다. 한국에서도 친구를 사귈 때쯤이면 이사를 가야만 했고 저는 15년도 안되는 세월에 10번의 이사를 했습니다. 남들에게는 '이사'라는 단어가 생소하겠지만 저는 그렇지 않았고, 사람과 정이 들 시간조차 주어지지 않았던 탓에 이별의 아픔조차도 느끼지 못했습니다. 오랜 친구는 한 명도 없었고 내 편인 친구도 없었습니다.

그러다가 초등학교 3학년 때 어머니의 천국 간증 집회에서 제가 원해서 어머니에게 대언기도를 받았습니다. 하나님께서 말씀하시길 "말씀을 읽으면 큰 기적을 보여 주신다"고 하셨습니다. 저는 이 대언을 받고서 주님께서 주시는 기적이 무엇인지 참을 수 없이 궁금하여 그때부터 성경을 매일매일 읽었습니다. 초등학교 5학년 새 학기를 앞두고 있을 무렵 [마태복음 5장 22절 - 나는 너희에게 이르노니 형제에게 노하는 자마다 심판을 받게 되고 형제를 대하여 라가라 하는 자는 공회에 잡히게 되고 미련한 놈이라 하는 자는 지옥 불에 들어가게 되리라]는 구절이 눈에 들어왔습니다. 저는 이 말씀을 읽으며 혹시 내가 아무 생각 없이 내던진 말 한마디로도 지옥불에 들어갈 수 있다는 생각이 엄습하자 큰 두려움에 사로잡히게 되었습니다. 그 후로 저는 스스로 저의 입을 감독하기 시작했습니다. 친구에게 저주를 말하는 것보다 복을 빌어주는 말을 하기로, 또 거룩하고 정결하게 하나님이 기뻐하시는 모습으로 살아가기 위한 여정을 시작했습니다. 그리고 성경은 진리이니 나의 바른 행실을 보고 많은 친구들이 생길 거라는 기대감을 가지고 그렇게 5학년 첫 등교를 시작했습니다.

처음에는 좋았습니다. 새로운 환경에 적응하려는 친구들과 서로서로에게 관심을 주고 받았습니다. 그러나 시간이 지나면 지날수록 믿었던 친구들의 배신과 저의 바른 행실과 언행을 싫어하는 친구, 또 친구들의 세상적인 문화에 어울리지 못한 저는 자연스레 무리에서 배척되고 말았습니다. 그래도 괜찮았습니다. 늘 있었던 일이기에 저와 같이 외톨이 친구들과 지냈으니까요. 하지만 가장 힘들었던 것은 친구들과의 갈등의 상황이었습니다. 친구들은 자신의 감정을 욕으로 표현했습니다. 좋은 일도 나쁜 일도 꼭 욕이 따라 붙었습니다. 그래서인지 아이들은 욕이 아니면 말 그대로의 감정을 이해하지 못 했습니다. 예를 들어 "하지마!"의 느낌과 "시*(18) 하지마!"의 느낌이 다른 것처럼요. 결국 한 아이와 지속적인 갈등이 생겼고 갈등은 폭력으로 번져, 저는 그 아이에게 맞아 코 뼈가 부러지고 병원에 입원하여 수술까지 받는 일이 벌어지고 말았습니다.

저는 그 아이와의 관계를 다시 회복하고 싶었습니다. 그 아이가 사과만 해준다면 저는 언제든지 긍정적인 관계로 회복하여 갈등 이

전의 관계로 돌아갈 의지가 있었습니다. 그러나 그 아이는 사과하지 않았고 오히려 저와 부모님까지 공격하기 시작했습니다. 학교폭력위원회가 열리고 가해자인 그 아이를 다른 반으로 옮기라는 전반 결정에도 그 아이의 부모님은 재심을 교육청에 신청하였습니다. 한 달이 걸리는 재심 기간 동안 그 아이는 어떤 제재도 받지 않고 평범하게 학교를 다니는데, 저는 그 사건의 트라우마에서 회복하지 못해 같은 반에 있는 그 아이가 너무 두렵고 무서워서 한 달 동안 등교를 못하고 집에서 우울한 시간을 보내야만 했습니다.

교육청의 재심 과정에서 법원에 고소하며 변호사를 선임해서 공격하는 그들과의 싸움에 너무나 지치고 지친 저와 어머니는 그 아이의 부모에게 '반을 옮기고 사과해 줄 것'이라는 조건으로 합의를 보았습니다. 그 아이는 반을 옮겼지만 끝끝내 사과를 하지 않았고 저는 지금까지도 그 아이에게 사과를 받지 못하였습니다. 그렇게 씻을 수 없는 상처가 마음 깊숙이 있는 채로 6학년이 되고 중학교 배정을 받았습니다. 저는 새로운 마음으로 시작할 수 있다는 생각에 기뻤지만 이 기쁨은 얼마 못 가 절망으로 바뀌게 되었습니다. 왜냐하면 저의 코 뼈를 부러뜨린 그 아이와 같은 학교라는 소식을 받았기 때문입니다. 저와 어머니는 대화하고 기도하여 대안학교로 입학하기로 하고 모든 수업을 영어로 하는 국제크리스천 대안학교에 입학하게 되었습니다.

2019년. 입학할 때는 코로나19유행이 시작되어 모든 수업을 온

라인수업으로 전환하였습니다. 한창 친구들의 이름과 얼굴을 외워야 하는 시기에 아무런 만남도 없이 시간만 보내게 되었고 점점 더 공허해지고 SNS에 빠지고, 게임에 빠지며 집에 있는 시간은 저의 숨통을 조여오는 듯했습니다. 단순한 쾌락에 중독되어 근 2년의 시간을 공부도 친구관계도 무엇 하나 이루지 못하고 결국 가정의 재정이 어려워 지면서 일반학교로 전학을 하게 되었습니다.

중학교 3학년에 전학해 보니 벌써 또래집단이 형성되어 있었고, 중 1, 2학년 기초를 탄탄하게 쌓아온 아이들과는 다르게, 일반학교 교과과정의 기초를 배우지 못한 저는 중3 수업은 따라가기조차 벅찼습니다. 친구들에게 어느 순간부터 은근히 무시 받게 되었고 그렇게 질질 쫓아다니다가 중학교를 졸업하게 되었습니다.

고등학교에 입학하기 전, 저는 제 자신을 뒤돌아보는 시간을 가졌습니다. 지나온 날들을 봤을때 저는 신앙의 초심을 잃고 저의 독단적인 생각으로 살아온 것을 깨달았습니다. 그래서 결단했습니다. '최소한 하루의 1시간이라도 주님께 드리고 내 모든 것을 맡겨 드리자. 나는 못하지만 주님은 하실 수 있다'는 생각을 했습니다. 스스로 매일 새벽 4시에 일어나 교복을 입고 5시 새벽예배를 드리고 바로 등교하여 자습실에서 자습을 하고, 하교 후에도 혼자 자습실에서 공부하고 10시가 넘어 집에 들어가는 생활을 하였습니다. 하루 하루 최선을 다하고 중간고사가 다가왔습니다. 저는 속으로 평균 이상의 점수가 나오겠지 하고 기대하며 시험을 치렀습니다. 결과는 어땠을까요? 평균에 훨씬 못 미치는 성적을 보고 저는 큰 좌

절감에 빠졌고 나의 한계점에 도달했다고 생각했습니다.

절대 그동안 시간을 허투루 보낸 것이 아닌데도 공부를 안 하는 아이하고 별다를 것 없는 점수를 받았으니 이제 나 혼자 해결할 수 없다고 생각해서 어머니께 학원에 보내 달라고 요청했습니다. 그 당시 학원비를 감당하기 벅찼던 가정 형편에도 어머니는 학원을 등록해 주셨고 저는 절실한 마음으로 학원을 다니며 공부를 하였습니다. 학원에서의 공부는 생각보다 즐거웠습니다. 그저 선생님의 인도에 따라 공부를 하면 점수가 올랐으니 저의 마음도 전보다 훨씬 홀가분 해졌습니다. 시험에 시험을 거듭 할수록 조금씩 오르는 점수에 자신감을 얻어 더욱 열심히 했습니다.

시간이 지나 2학기가 시작되었습니다. 조금은 고독하고 외로운 학교생활이었지만 참고 버티며 생활하던 중 인생의 큰 전환점을 맞이하게 됩니다. 수학여행을 가기 위해 조를 뽑는 시간을 가지게 되었습니다. 반장은 조장을 추천하라고 하자 어떤 한 아이가 저를 지목하며 "다니엘 어때? 다니엘 하자!" 라고 하였습니다. 저를 지목한 그 아이는 선생님에게 문제아인 동시에 반에서 노는 무리에 속하는 아이였습니다. 저는 갑작스런 추천에 당황 했지만 은근히 기분이 좋아서 흔쾌히 수락하였고, 다음으로 조원을 뽑는 차례가 되었습니다. 반장이 추천된 조장의 이름을 차례대로 부를 때마다 아이들은 적극적으로 경쟁하며 조원이 구성되어 갔습니다. 이윽고 저의 이름이 불려졌습니다. "조장 남다니엘." 기대되는 마음으로 주변을 둘러 보니 아무도 손을 들지 않았습니다. 제가 바라보는 모든 것을 부정하고픈 마음이 솟구쳤습니다. 30명이 넘는 이 교실에 나를 지지하는 사람이 단 한 명도 없었습니다.

그렇게 저는 조원 없는 조장이 되어 다른 조장 밑으로 들어가게 되자, 저와 인기 없는 아이 한 명을 마치 폭탄을 돌리듯 가위 바위 보를 하고 승부가 갈릴 때마다 짜릿해 하고 상스런 욕을 내뱉으며 경멸하듯 우리를 쳐다보았습니다. 팔려가는 노예가 나보단 낫겠다 라는 생각마저 들었습니다. 아무도 없었습니다. 수학여행은 즐거운 여행 아니였던가요?

하교를 하며... 그들에게 나는 무엇인가? 집까지 오는 동안 오늘을 돌아보며 곱씹으며 걸었습니다. 어머니에게 있었던 일을 말하며 참았던 눈물을 흘렸습니다. 이미 마음은 무너진지 오래, 10년이 넘는 세월을 참았습니다. 그러나 오늘은 참기가 도저히 힘들었습니다. 어머니도 그런 저를 안아주시고 울어주시며 공감을 해 주셨고 자퇴를 원하는 저의 마음을 그대로 인정해주셨습니다. 바로 그 다음날. 어머니와 고등학교 자퇴서를 작성하고 고등학교를 나왔습니다. 후련했고 홀가분했습니다. 나에게 학교는 그동안 족쇄였습니다.

그렇게 하루가 지나고 또 하루가 지났습니다. 이제 나는 무얼 해야 할까? 혼자 대학교를 어떻게 가야 할까? 고민이 되고, 그 고민은 이윽고 걱정과 근심이 되어 저를 한없이 눌렀습니다. 무거운 마음과 우울감이 들면 무기력해지고 다시 걱정이 들고 불안해지고... 괴로운 나날들이 나이를 먹도록 이룬 것 하나 없는 자퇴생의 모습은 스스로 보기에도 한없이 초라하기만 했습니다.

어느날 어머니께 한 분이 전화를 하셨습니다. 어머니의 유튜브 간증 영상을 보고 연락 했다고 하시며.. 저를 바꿔 달라고 하시더니 대뜸 저에게 원하는 것 3가지가 무엇이냐고 물었습니다. 너무 갑작스러운 말에 평소 생각만 했던 것을 말하였습니다. "아이패드, 헤드셋, 옷을 원해요." 그분은 알겠다고 말한 뒤 전화를 끊었습니다. 다음날 택배가 도착했는데 어제 내가 원하였던 3가지 였습니다. 최신형 아이패드와 헤드셋과 옷을 사라고 제 통장에 200만원을 송금해 주셨습니다. 갑작스러운 고가의 선물을 받고...너무 놀라고 그동안 친구들을 부러워 했던 모든 물질적 눌림이 하나님께서 보내신 한 분을 통해 한방에 금융치료가 되었습니다. 눈물을 흘리며 하나님께서 참으로 살아계심을 고백하였고, 저절로 웃음이 나고 찬양이 흘러 넘치게 되었습니다. 더욱 놀라운 것은 그 분께서 저의 선생님이 되어 주시겠다면서 모든 입시과정을 책임지고 무료로 가르쳐 주시고 대학도 거뜬히 갈 수 있고, 나중에 원하면 교수가 되도록 해주겠다고 희망을 주셨습니다. 알고보니 그분은 입시전문 과외를 하시는 분이셨고 저는 그분 밑에서 과외를 시작하게 되었습니다. 하루는 선생님께서 저에게 기도문을 주시며 자신이 말씀으로 쓴 기도문이니 영의 기도 생활을 시작하라고 하셨습니다. 훗날 그 기도문은 [읽는 기도]라는 책으로 나오게 됩니다. 저는 선생님의 전폭적인 지원과 가르침을 받으며 학업와 믿음이 모두 성장하게 되었고, 검정고시를 평균 90점의 고득점을 받아 불가능했던 대학교에 입학하여 작업치료학과생으로서 새로운 삶을 살게 되었습니다. 오히려 제 또래 아이들은 고3이어서 입시 전쟁을 치를 시간에 저는 한 해 더 빨리 대학을 가게 되어 모든 아이들의 부러움의 대상이 되었습니다. 그 누구도 반에서 왕따 당하고 찌질했던 제가 남들보다 일찍 원하는 대학에 가서 새 삶을 살 거라고 예상하지 못했습니다. 그러나 하나님과 하나님의 말씀 안에서 가능성을 보신 선생님은 할 수 있다고 하시고 기적 같은 일을 현실에서 누리게 해 주셨습니다. 이 모든 것은 제가 한 것이 아닌 오로지 하나님께서 하신 놀라운 기적이며 가장 나중 되었던 저를 먼저 되게 하셨습니다. 우리의 하나님은 역전의 하나님, 반전의 하나님이심을 찬양합니다. 할렐루야!

이후 저는 천국복음을 전하는 어머니를 도와 영상 촬영과 비서 역할을 하며 더욱 영적으로 깨어 기도하게 되었고, 집회 현장에서 만나는 저와 같은 고민을 하는 청소년들을 보며 마음이 안타까웠습니다. 어머니께서는 저에게 간증할 기회를 주셨고, 어리숙하고 부끄럽지만 저와 같은 청소년들에게 희망을 주고 싶어서 간증을 하였습니다. 간증을 하면서 눈물 짓는 부모 세대도 보이고, 얼굴이 어둡던 청소년들이 저와 눈을 마주치며 열심히 듣는 모습을 보면서.. 하나님께 감사했습니다. 나의 부족한 삶이 이렇게 누군가에게 감동이 되고 희망이 되게 하시니 나도 더욱 주님을 위해 빛의 자녀답게 살아야겠구나 생각했습니다. 그리고 깨닫게 되었습니다. 초등학교 3학년 때.. 대언기도를 통해서 하신 말씀 "네가 말씀을 읽고 말씀대로 살면 기적을 보게 되리라" 하신 것이 지금 제 삶에서 이루신 것을 찬양하며 하나님께 영광 올려 드립니다.

　이제 새로운 삶을 주신 오직 사랑하는 주님만을 예배하는 삶을 살게 되었습니다. 오로지 주님만을 생각하며 말씀 안에서 살아갈 때 주님께서 앞으로도 저를 이끌어 주시며 크고 놀라운 일들을 경험하게 하실 것을 믿습니다. 또한 주님 오시는 그날. 어머니와 사랑하는 사람들과 내가 복음을 전한 자들과 함께 천국에 이르게 될 것을 기대하며 기도하며 살아갑니다.

　나의 나 된 것, 나의 나 될 것은 오직 말씀대로 사는 삶!

　그러나 내가 나 된 것은 하나님의 은혜로 된 것이니
　내게 주신 그의 은혜가 헛되지 아니하여
　내가 모든 사도보다 더 많이 수고하였으나
　내가 한 것이 아니요 오직 나와 함께 하신 하나님의 은혜로라
　_고전 15:10

2

천국과 지옥 간증

1. 보석으로 빛나는 섬

아주 커다란 섬 같은 게 보여요. 굉장히 푸른 섬인데 세상에……다 보석으로 만들어진 섬이에요. 너무 예쁜 보석이에요. 그 눈부신 섬을 보는 사람들이 소리를 지르면서 "저기다. 저기 다 왔어" 이러면서 소리를 지르고 박수를 쳐요. 나는 어딘지 잘 몰라서 박수를 쳐야 될지 말아야 될지 사람들을 쳐다보며 어딘지 몰라서 어리둥절하고 있는데 배가 멈추더니 그 섬을 향해 내려가요. 사람들이 갑판을 타고 내려가니까 갑자기 거기서 원시인 복장을 한 사람들이 와서 알 수 없는 방언을 하면서 사람들한테 박수를 쳐주고 뽀뽀를 하고 어서 오라고 노래를 불러요. 사람들은 아무렇지도 않게 원시인들을 껴안고 같이 노래를 부르고 인사를 해요.

그 성은 해나 달의 비침이 쓸데 없으니 이는 하나님의 영광이 비치고 어린 양이 그 등불이 되심이라 _계21:23

원시인 복장을 한 사람들이 자기네 집으로 데리고 가요. 옛날에 다큐멘터리에서 본 그런 집인데 보석으로 만들어져 있어요. 원시인 집인데도 불구하고 보석으로 만들어졌는데 어떤 집은 굉장히 커다란 집이에요. 원시인 집인데 그 안이 다 신식으로 돼있어요. 커다란 침대로 되어 있고 돌침대로 만들어진 것도 있고 어떤 집은 전동 침대인 것 같아요. 움직일 때마다 침대가 알아서 자기 몸 체형을 맞춰서 움직여주는 그런 침대 같아요. 또 어떤 집은 알처럼 만들어진 침대예요. 그래서 뚜껑이 열렸다 닫혔다 하고 어떤 집은 아기 흔들 침대처럼 되어있어요. 이집 저집 침대가 모양이 가지각색이에요.

 원시인들이 옷도 안 입었는데도 불구하고 가지고 있는 것들은 다 보석인데 면류관을 썼어요. 어떤 사람은 지푸라기로 만든 면류관을 썼고 어떤 사람은 무화과나무 이파리로 만든 월계수 같은 왕관을 한 사람도 있고 어떤 사람은 아주 커다란 금으로 만든 면류관을 쓴 사람도 있고 얼굴들이 까만 흑인인데도 다들 몸매도 예쁘고 얼굴도 예뻤어요. 그런데 저한테 뭐라고 얘기를 하는데 다 알아들을 수 있어요. 저도 이제는 같이 웃으면서 그 사람들하고 같이 얘기를 나누고 춤을 추고, 옛날에 있었던 이야기를 하고 자기네들이 여기 오기 전에 무슨 일을 했다고 저한테 얘기를 해줘요. 자기네들이 예수님을 어떻게 믿었는지 얘기를 해줘요. 자기들한테 예수님을 전해준 사람을 자기가 죽였었는데 나중에 자기가 그 사람 때문에 예수를 믿고 여기 오게 돼서 너무 행복했다고 하면서 얘기를 해 줘요. 그 사람이 이 사람이라고 얘기를 해주는데 보니까 서양 사람이에요. 둘이서 정말 단짝 친구처럼 이야기를 나누고 아주 행복해해요. 그 사람이 선교사였대요. 자기 나라에 와서 복음을 전하다가 자기가 죽였는데 그 사람 덕분에 예수님을 믿어서 자기가 천국에 와서 이 사람이 자기한테는 너무너무 고마운 사람이라고 저한테 소개를 해줘요. 옆에 있는 여자들도 그 선교사님을 극진히 대접하면서 자기 집에서 편하게 있으라고, 저한테 발을 주물러주기도 하고 저한테 아양을 피우면서 재밌게 놀다 가라고 저한테 얘기해요. 사람들이 아주 평온해 보이고 행복해 보여요.

　사람들이 저한테 따라오래요. 자기네 마을을 보여주겠대요. 따라가니까 밀림 같은 그런 곳인데 뱀도 보이고 벌레도 있고. 그런데 뱀도 벌레도 다 보석으로 만들어져 있어요. 얘네들이 따라다니면서 저한테 노래를 불러요. 노래를 부르면서 아주 기분 좋은 냄새도 나게 만들고 저를 따라다니면서 "야 너 이제 왔어. 여기 오니까 좋지? 많이 재밌게 놀다가" 얘기를 나눠요. 커다란 뱀도 혓바닥 내밀면서 저한테 얘기해요. 신기해요. 옆에 악어도 있어요. 이빨은 보석으로 돼 있어요. 악어가 큰 눈을 저한테 뜨면서 웃으면서 입을 쫙쫙 벌리면서 노래를 불러요. 사람들이 커다란 화산 같은 데로 절 데려갔어요. 뜨거운 화산인 것 같은데 막 그 화산이 이렇게 빨갛게 되면서 뻥 하면 화산에서 팝콘 같은 게 떨어져요. 그러니까 사람들이 주워 먹어요. '만나'래요. 굉장히 맛있게 요리가 된 '만나'래요. 저에게 먹어보래요. 꿀맛 같고 꿀과자 같아요. 뻥튀기가 뻥 터지는 것처럼 사람들이 그걸 기다렸다가 뻥 소리에 맞춰서 손으로 그것들을 받아먹어요. 옆에는 시냇물 같은 게 흐르는데 거기에 있는 물을 마셔요. 천사들이 옆에 컵을 진열해 놨어요. 어떤 사람은 자기가 먹고 싶은 음료수를 생각하면서 그 컵에다 시냇물을 딱 뜨니까 그 음료수 맛이 나고 저는 포도주스가 먹고 싶어서 생각하고 뜨니까 포도주스가 되어있었어요.

네 조상들도 알지 못하던 만나를 광야에서 네게 먹이셨나니 이는 다 너를 낮추시며 너를 시험하사 마침내 네게 복을 주려 하심이었느니라 _신8:16

이는 보좌 가운데에 계신 어린 양이 그들의 목자가 되사 생명수 샘으로 인도하시고 하나님께서 그들의 눈에서 모든 눈물을 씻어 주실 것임이라 _계7:17

2. 황금 책장의 비밀과 천국의 풍요

예수님께서 숲속 길 따라 저의 손을 붙잡고 이야기를 나누세요. 예수님께서 제게 "세상에서 어땠니?" 하면서 이런저런 것들을 물어보시고 예수님께서 "네가 내 마음을 잘 알아줬구나" 하면서 되게 고맙다고요. 제 손을 토닥토닥 이렇게 만져주시며 이야기를 나눠요. 저도 예수님께 "예수님, 저 이렇게 이렇게 했었어요" 하고 얘기를 나눠요.

나의 사랑하는 자가 내게 말하여 이르기를 나의 사랑, 내 어여쁜 자야 일어나서 함께 가자 _아2:10

내가 항상 주와 함께 하니 주께서 내 오른손을 붙드셨나이다 _시73:23

어디선가 다섯 마리 나비가 예수님의 주변을 맴돌면서 노래를 부르고, 제게도 하얀 나비가 세 마리가 날아와서 제 옆을 막 돌아다니며 노래를 불러요. 숲속에 상쾌함이 느껴져요. 박하 향기 같은 것도 나고, 허브 향기 같은 것도 나고, 향기가 온통 퍼져 있는 숲속을 향해서 계속해서 걸어가요.

항상 우리를 그리스도 안에서 이기게 하시고 우리로 말미암아 각처에서 그리스도를 아는 냄새를 나타내시는 하나님께 감사하노라 _고후2:14

아주 넓은 초원을 봤어요. 여기 와보니까 초원이 보리 같기도 하고 밀 같기도 한 그런 곡식들이 자라고 있어요. 엄청나게 넓은 곳인데 밀도 보이고 옥수수도 보이고 천국의 곡식들이 자라는 곳인가 봐요. 예수님께서 여기 있는 곡식들이 천국을 다 먹이고도 남는다고 하셨어요.

여호와는 나의 목자시니 내게 부족함이 없으리로다 _시23:1

굉장히 넓은 이곳의 곡식들을 천사들이 가꾸고 있어요. 그 곡식들이 하나하나 움직이면서 예수님을 맞이해요. 박수를 치듯이 곡식들이 춤을 추며 노래를 불러요. 하나하나가 다. 두 천사가 제 양쪽 손을 잡더니 날개짓을 하더니 날아올라요. 이 두 천사는 저보다 키가 좀 더 큰데 얼굴은 잘 보이지가 않아요. 또 어디론가 올라가요. 제 발에 닿는 느낌은 구름 위에 올라간 느낌인데 견고한 벽 같은 게 보여요. 그건 책장이에요. 황금으로 된 책장인데 제가 이 끝에 선 것 같은데 저 끝에까지 책장이 쫙 펼쳐져 있어요. 수천 개의 책이 쫙 꽂혀 있어요. 바닥에서부터 위의 높이는 알 수가 없어요. 하늘 끝까지 책장이 올라가 있는데 넓이도 알 수가 없고 높이도 알 수가 없어요. 계속해서 펼쳐진 그 책장들이 황금색 오단 책장 수천

개, 수만 권의 책들이 몇 권의 책인지 알 수 없을 정도로 너무 많은 책이 꽂혀 있어요.

　얇은 책들이 아니고 우리가 알고 있는 앨범보다도 더 두꺼운 책들이 쫙 꽂혀져 있어요. 너무나 깨끗하고 정결하고 정돈이 잘 되어 있는 그런 책들이 쫙 꽂혀져 있어요. 아래서부터 위에까지 책들이 꽂혀져 있어요. 갈색 책들인데 자세히 보니까 갈색도 있고 은색으로 된 것도 있고 금색으로 된 것도 있고 파스텔톤의 분홍색 책도 있고 노란색 책도 있고 색깔들이 다 달라요. 금으로 된 책도 보이고 어떤 거는 다이아몬드 같은 보석으로 된 책도 보여요. 제가 그 다이아몬드로 된 책이 너무 궁금해서 보고 싶다고 했어요. 제가 손을 대려고 하니까, 천사가 그 책을 뽑으며 저에게 말해요. 손대지 말고 기다리라고.

또 내가 보니 죽은 자들이 큰 자나 작은 자나 그 보좌 앞에 서 있는데 책들이 펴 있고 또 다른 책이 펴졌으니 곧 생명책이라 죽은 자들이 자기 행위를 따라 책들에 기록된 대로 심판을 받으니 _계20:12

3. 영광의 광채 하늘 보좌, 영의 것을 사모하라

내가 주는 것은 육의 것과 다르다. 썩어질 것이 아니다. 없어질 것이 아니다. 영원한 그 나라에서 나와 함께 누릴 것이다. 그것을 너희가 보는 것이다. 내가 너희를 사랑한다. 나의 사랑을 너희가 아느냐? 사단의 밥이 되려고 하느냐? 왜 깨닫지 못하느냐? 내 아들아. 내 아들아 네가 정말 내 아들이냐? 내 아들이 어쩜 이렇게 내 마음을 몰라주느냐? 가까이 오기를 원한다. 내 아들아 내 아들아, 내 딸들아 내 딸들아, 내가 너희들을 사랑한다. 내가 너희들에게 주기를 원한다. 영의 눈을 떠라. 영의 귀를 열어라. 들려달라고 외쳐라. 육의 귀로 들으려고 하지 마라. 육의 귀로 열어서 판단하지 마라. 영의 귀를 열어 아멘 아멘으로 받아라. 내가 너희에게 주기를 원한다.

내가 주는 것은 육의 것과 다르다. 영원한 것을 사모해라. 하늘 보좌를 기억해라. 하늘 보좌는 빛과 그 광채가 너희가 상상할 수 없는 그 거룩함이 너희가 상상할 수도 없는 영광의 광채가 가득가득하다. 그런데 너희는 이것을 하나도 볼 수가 없구나. 그 영광의 광채를 너희들의 육의 것으로는 단 한 개도 볼 수가 없다. 영의 것을 사모해라.

육신을 따르는 자는 육신의 일을, 영을 따르는 자는 영의 일을 생각하나니 _롬8:5

우리가 주목하는 것은 보이는 것이 아니요 보이지 않는 것이니 보이는 것은 잠깐이요 보이지 않는 것은 영원함이라 _고후4:18

4. 황금문을 지나 천국의 영광을 만나다

황금으로 된 큰 성문을 미닫이문처럼 양 손으로 미니까, 양쪽 문이 좌우로 열려요. 그 문은 무늬가 있어요. 무늬가 굉장히 정교하게 조각이 되어있어요. 엄청 정교한 그림인데 제가 표현하기가 어려워요. 어떤 그림이냐면 우리가 보는 서양식의 문양 같은 것이 그려져 있어요. 굉장히 정교하고 고급스럽고 아름다운 무늬가 황금으로 된 문에 조각이 되어있어요. 문이 스르르 열려요, 문이 열리는 느낌이 있어요. 굉장히 묵직하지만, 너무나 자연스럽게 부드럽게 문이 쫙 열려요. 세상의 말로는 표현할 수가 없어요. 어떻게 표현할지도 모르겠어요. 그 빛이 너무너무 밝아요. 그것이 너무 밝아서 표현할 수가 없어요. 온통 다 황금이에요. 모든 것이 다 황금이에요. 너무나 밝아서 눈이 부셔요. 모든 것이 황금인데 그 나라가 다 황금이고 너무 밝아서 눈이 부셔요. 엄청 따뜻해요. 정말 암탉이 병아리 알을 품고 있듯이 그 온기가 너무 따뜻해요. 봄 날씨보다 더 따뜻해요. 그리고 너무나 밝아요. 그 거룩한 향기와 찬란한 음악 소리가…. 여기가 천국이구나. 너무너무 좋아요. 그 황금길이 그냥 황금길이 아니에요.

엄청나게 넓고 넓은 길에 천사들이 있어요. 천사들이 천국에서는 아무것도 아니에요. 마치 시종이에요. 그냥 일을 하고 있어요.

천국에서 수많은 천사들이 일하고 있어요. 각자 자기 일을 하고 있어요. 날아다니면서 일하는 천사도 있고, 걸어 다니면서 일을 하는 천사도 있고, 제가 오니까 천사들이 손을 흔들고 반기고, 어떤 천사들은 날갯짓을 하면서 날아다니면서 박수를 치고, 천사들이 일하고 있어요. 사방을 날아다니면서 천국의 집을 단장하고 있어요. 거룩한 사람들이 오는 이곳을 아름답게 꾸미자며 열심히 일하고 있어요. 어떤 천사는 지붕을 만들고 있어요. 지붕 하나하나 기와를 금으로 만들고 있어요. 지붕 하나하나에 어쩜 그렇게 예쁘게 조각을 하고 있는지 열심히 하고 있어요. 어떤 천사는 창문에 금으로 조각을 하고 있어요. 열심히 닦고 있는 천사도 있고, 어떤 천사는 문고리에다가 예쁜 리본을 달고 있어요. 손잡이에다가 예쁜 리본을 달고 있어요.

   천사들이 다 제각각 일을 하고 있는데 집들을 만들고 꾸미느라 정신이 없어요. 작은 집도 보이고 커다란 집도 보이는데, 작은 집에서는 작은 천사들이 일해요. 아기 천사들도 조그마한 기구를 가지고 와서 일하고 있어요. 커다란 천사들은 커다란 집 장식을 하는데, 천사가 엄청나게 커요. 그 집만큼이나 커요. 그 집은 높이가 너무너무 높아서 마치 빌딩 같아요. 천사가 허리를 숙여서 장식하고 있어요. 그림을 그려요. 페인트 같은 걸 가지고 그림을 그리는데 페인트가 금이에요. 색칠할 때마다 소리가 나요. 스르르 소리가 나요. 페인트를 칠하고 있는데 너무나 예쁜 그림이 그려져요. 예수님의 품에 안겨 있는 그 사람의 모습이 보여요. 창문도 보이고 그 창문 하나하나에 어쩜 그렇게 예쁜 그림이 그려져 있는지, 금으로 둘려 있는 창문에 너무나 예쁜 그림이 그려져 있어요.

　풍선 같은 것도 보여요. 풍선이 너무너무 예뻐요. 황금으로 된 풍선도 보이고 파란색 수정 같은 보석으로 된 풍선도 보여요. 그런데 그런 것들이 다 집집마다 장식이 되어있어요. 폭죽 같은 것도 터트려져요. 곧 그 사람이 도착할 시간이 되었대요. 그 집을 장식하는 것이 끝나서 이제 그 사람을 맞이하러 간대요. 그 사람 집 앞에 너무나 예쁜 자동차도 있어요. 너무너무 반짝이는 황금으로 된 자동차인데 크기가 작아졌다가 또 커졌다가 자유자재로 움직이는 자동차에요. 너무 예뻐요. 또 그 사람의 전용 비행기도 보여요. 천국을 마음대로 날아다니기도 하고 경주를 하기도 하고, 경비행기 같은 것인데 너무너무 아름답게 만들어져 있어요.

　계속해서 올라가는데 머리 위로 따뜻하면서도 뜨거운 느낌이 들어요. 제가 위로 올려다보니까 불의 눈 같은 것이 보여요. 빨간색의 우주에 있는 혹성 같은 것이 보여요. 불같은 것이 있는데 그것이 저 위에 보이고 빨간 혹성 같은 곳을 향하여 제가 계속 올라가요. 올라가는데 끝도 없어요. 계속 올라가요. 머리가 점점 뜨거워지고 몸이 녹아내리는 것 같은 느낌이 들어요. 숨이 멎을 것만 같아요. 점점 뜨거워지고 온몸이 녹아내리는 느낌이 들어 올라가던 것이 멈췄어요. 아무것도 보이진 않아요. 눈이 부셔서 제가 눈을 감아버렸어요. 보이지 않아요. 그 빛 때문에 눈을 뜰 수가 없어요. 너무 뜨겁기도 하고 눈이 부셔요. 제가 손을 가리고 눈부셔하니까 천사가 좀 있으면 익숙해진대요. 조금 익숙해진 것 같아서 손을 내리고 눈을 살며시 뜨려고 하는데 빛이 너무 강해요. 눈을 조금 떴어요. 떠보니까 세상에 ….

그 열두 문은 열두 진주니 각 문마다 한 개의 진주로 되어 있고 성의 길은 맑은 유리 같은 정금이더라 _계21:21

5. 불의 임재를 막는 우산을 쓴 목사 속의 잠 마귀

옆에 큰 쌀 포대 같은 것도 보이는데 점점 늘어나요. 아까는 하나 있던 쌀 포대가 점점 늘어나더니 언제 또 저렇게 천장까지 높아졌는지 쌀 포대가 늘어나요. 한쪽에는 젖소 같은 것도 보여요. 소가 점점 많아져요. 신기하게 방에 선물만 보이는 게 아니고 꽃 같은 것도 보이고 점점 많아져요. 신기하게 음료수 같은, 술병 같은 것도 보이는데 그런 병들도 점점 많아져요.

예수님께서 축제를 준비하는 거래요. 성도님이 천국에 오실 때 가지고 누릴 것들도 준비하지만 세상에 사람들에게 주기를 원하시는 성도님의 마음을 예수님께서 아시고 계속 준비하고 계신대요. 옆에 보물상자 같은 것도 있는데 그 안에 보물들이 엄청나게 많아요. 옛날에 텔레비전으로 봤던 그런 보물섬에 있는 그런 보물들인데 엄청나게 많아요. 보물이 막 쏟아져요. 보물상자 안에서 보물들이 가둬 놓지 못하고 쏟아져 나와요. 그런 보물상자가 하나가 생기더니 두 개가 생기더니 세 개가 생기더니 계속해서 그 보물상자가 숫자가 늘어나요.

> 그 때에 임금이 그 오른편에 있는 자들에게 이르시되 내 아버지께 복 받을 자들이여 나아와 창세로부터 너희를 위하여 예비된 나라를 상속받으라 _마25:34

옆에 책 같은 것도 보이는데 책들이 점점 쌓아져 올라가요. 말씀의 책들이에요. 입술에서 나오는 말씀들이 쌓아 올라가요. 또 뭐가 보이냐면 카메라 같은 것들이 보여요. 금으로 된 카메라인데 캠코더 같은 것도 보이고 디지털카메라 같은 그런 카메라가 보이는데 그것이 자동으로 움직이면서 찍혀요. 천사들이 옆에서 그런 고귀한 선물들을 만지면서 정리를 하는 모습들이 보여요. 한쪽으로 계속해서 쌓아진 그 선물들을 가지런히 정리하는 모습들이 보여요. 예수님께서 그들을 향해서 명령하세요. 잘 정리하고 잘 정돈해 놓으라고. 예수님께서 그들에게 명령하자 천사들이 더 바쁘게 대략 50명 정도 되는 천사들이 그것을 정리해요. 계속 생겨나니까 분주하게 일을 하고 있어요. 하나님이 제단에 불을 떨어뜨리는 모습을 보여주세요. 천사들이 호위하고도 있지만 하늘 위에서 오르락 내리락 하는 걸 보여주셨다 했잖아요. 하나님께서는 계속해서 여기에 불을 붓고 계세요. 불을 붓고 계시는 모습이 보여요. 불을 아주 커다란 항아리에 가득 담으셔서 쏟으세요.

요한이 모든 사람에게 대답하여 이르되 나는 물로 너희에게 세례를 베풀거니와 나보다 능력이 많으신 이가 오시나니 나는 그의 신발 끈을 풀기도 감당하지 못하겠노라 그는 성령과 불로 너희에게 세례를 베푸실 것이요 _눅3:16

그런데 얼마나 안타까운지 아세요? 어떤 사람은요. 우산을 쓰고 있어요. 우산이 얼마나 견고한 우산인지 돌 같은 그런 우산이에요. 그런 우산을 이렇게 쓰고 있는데 절대로 들어올 수 없게끔 그 우산으로 자기 몸을 꽉꽉 막고 있어요. 그 우산을 어떤 사람이 쓰고 있는지 제 눈에 보여주세요. 안타까워요. 어떤 자매는 우산을 썼는데 돌을 썼어요. 고인돌 우리 봤잖아요. 고인돌 같은 거기 안에 웅크리고 있어요. 제단에 불이 엄청나게 뜨거워지는데 돌이 그거를 달구고 있긴 해요. 그런데 그 자매 안은 차가워요. 이 돌 때문에 차가워요.

제단에 이 불이 떨어지는데 돌 표면에는 벌써 달궈지는데 그 자매가 있는 그 안은 차가워요. 가슴 안에 얼음 같은 귀신이 있어요. 얼음이 엄청나게 엄청나게 빙하같이 커요. 빙하같이 큰데 이 빙하가 우리가 보는 그 모습은 아주 빙산의 일각이에요. 그 빙산의 일각이 우리 눈에 보이는 거고 자매 안에 있는 귀신은 몸 안에 얼마나 큰 빙산이 있는지 보이지 않아요. 빙산이 너무너무 견고하고 너무너무 커서 그 몸 안에 가득가득 있어요. 그 몸을 지배하고 있어요. 보이는 것은 아주 빙산의 일각이에요.

우리의 싸우는 무기는 육신에 속한 것이 아니요 오직 어떤 견고한 진도 무너뜨리는 하나님의 능력이라 모든 이론을 무너뜨리며 _고후10:4

몸 안에 귀신이 그 얼음장 같은 큰 빙산의 그 귀신이 몸 안에 자리를 잡고 있는데 이것이 몸을 아주아주 차갑게 차가운 기운을 나가게 만들어요. 냉냉하게 아주 아주 냉골이에요. 발이 꽁꽁 얼어 있어요. 너무너무 차가워서 차가운 기운이 몸에서 연기같이 나가요. 독같이...연기같이... 우리가 얼음을 냉장고에서 꺼내면 살얼음이 보이잖아요. 그런 얼음이 몸에서 퍼져 나가요. 독같이 퍼져요. 이것들이 엄마 아빠에게 동생에게 차가운 기운을 퍼프려요.

어떤 형제도 보이는데 그 형제의 척추 마디마디에 연두색 귀신들이 붙어 있어요. 드라큘라 같은 그런 이빨을 가지고 뼈를 꽉 물고 있어요. 연두색 귀신 같은 것들이 수십 마리가 붙어서 뼈 있는 데를 이빨로 꽉 물고 있어요. 형제가 이걸 떼려고 몸부림을 치는데 이것들이 이빨로 물고 있어요. 이빨과 발톱으로 붙어서 안 떨어지려고 얘네들도 안간힘을 써요. 형제가 찬양하고 이렇게 할 때 이것들이 안 떨어지려고 안간힘을 써요. 그런데 요것들이 지금 발톱이며 이런 것에 안간힘을 쓰긴 하는데 얘네들도 떨어질까 봐 불안해하고 있어요. 이것들이 어떻게 해서든지 안 떨어지려고 안간힘을 쓰는 게 보여요. 어떤 모양이냐면 도마뱀 같은 거 있잖아요. 카멜레온 같은 그런 도마뱀 같은 모양이에요.

그런 것들이 안간힘을 쓰고 이렇게 물고 있어요. 눈물 나 눈물. 그 형제 배 안에 요것들이 알을 깠어요. 알이 다섯 개가 보여요. 다섯 개가 보이는데 이것도 알이 곧 부화할 것 같아요. 막 꿈틀꿈틀거려요. 부화하려고 그래요. 이것들이 부화하기 전에 빨리 이것들을 죽여야 한대요. 곧 이게 부화하면 나가기가 힘들대요. 알이 부화하기 직전에 빨리 이것들을 없애야 한대요. 죽음으로 끌고 가려고 이것들이 지금 일을 하고 있대요.

OOO목사님을 보여줘요. OOO목사님 보여주시는데 까만 우산을 쓰고 있어요. 그런데 까만 우산이 구멍이 나 있어요. 그런데 작은 구멍도 있고 큰 구멍도 있어요. 그런데 이 구멍을 향하여 불이 떨어지거든요. 떨어지는데 구멍이 안 뚫린 곳으로 자꾸 몸을 이렇게 피해요. 그래서 예수님은 구멍 있는 곳으로 몸이 나와서 이 불을 받기를 원하신대요.

예수님은 이 우산을 접고 완전히 불을 온몸으로 받기를 원하시는데 목사님은 우산을 펴고서는 구멍 있는 데로도 몸을 안 나오게 하려고 까만 우산 구멍이 없는 곳에 몸을 이렇게 웅크리고 피해간대요. 자꾸자꾸 피해요. 그 구멍 뚫린 곳으로 나와서 이 몸이 이 불을 조금만이라도 닿으면 이 불맛을 안대요. 성령의 맛을 안대요. 그런데 스스로 이 맛을 안 보려고 한대요. 이상하게 생각하고 의심을 해서 이 불의 맛을 보려고 안 한대요. 발끝으로 조금만 떨어지면 엄청 그거를 싫어하면서 이 발끝에 있는 그 불을 손으로 떨어뜨리면서 다시 그 안으로 들어간대요. 그래서 예수님께서 너무 안타까우시대요. 불을 몸으로 받으시래요. 이 우산을 접기를 바라신대요. 그런데 이게 접는 게 좀 힘들대요. 그러니까 우선 이 구멍이 뚫린 곳으로 불이 떨어질 때 떨어뜨리지 말고 그냥 받으시래요. 조금씩이라도 발끝이라도 이렇게 손끝이라도 그 불을 이렇게 손으로라도 받으면서 이렇게 맛을 보래요. 맛을 보래요. 그리고 맛을 보면 알 수 있대요. 마음을 열고 맛을 보면 '아, 이거구나' 하면서 점점 알아가면 나중에는 이 우산을 접고 온몸으로 받을 때 목사님에게도 하나님이 부어주신대요.

목사님 너무너무 큰 축복을 받았어요. 목사님과 똑같은 사람이 또 있어요. OOO에요. OOO목사님도 똑같아요. 찢어진 우산. 아이고 세상에 구멍도 아니에요. 찢어졌어요. 우산이 찢어졌어요. 그 찢어진 부분으로 조금 맛보더니 다시 그 안으로 쏙 들어가 버렸어요. 들어가서 안 나와요. 나오려고 생각을 안 해요. 또 찢으려고 하니까 거기 찢을까 봐 못 찢게 손으로 꽉 잡고 있어요. 아우 세상에 세상에 …찢어진 부분도 안 나오려고 꿰매려고 그래요. 예수님께서 보고 깨달으래요. 듣고 깨달으래요. 그 찢어진 부분을 꽉 붙잡고 안 받으려고 그래요. 다른 사람들 거 보고 웃고만 있지 찢어진 그 부분을 붙잡고 안 받으려고 그래요. 그 몸 안에 사단이 있는데 세상에 새까만 사단이 그 몸 안을 지배를 하고 있어요. 잠 마귀가 엄청나게 그 머릿속에 잠을 계속 자게 만들어요. 졸게 만들고 눈 안에 잠을 계속해서 넣어줘요. 잡생각을 넣어줘요. 몸을 무겁게 만들고 무기력하게 만들어요.

이르시되 어찌하여 자느냐 시험에 들지 않게 일어나 기도하라 하시니라
_눅22:46

> 그러므로 이르시기를 잠자는 자여 깨어서 죽은 자들 가운데서 일어나라 그리스도께서 너에게 비추이시리라 하셨느니라 _엡5:14

그런데 이런 마귀들이 이 사람만 있는 게 아니에요. 우리들의 몸 안에 이 귀신들이 같이 있어요. 목사님 몸 안에도 있어요. 귀신이 양옆에 악한 마귀가 양옆에 있어요. 무겁게 돌멩이 같은 거 있잖아요. 그런 거를 쌓아 올려놓아서 여기를 무겁게 만들어요. 그래서 자고 일어나도 무겁게 만들고 계속해서 몸을 무겁게 만든대요. 비닐우산이에요. 비닐우산이어서 투명해요. 투명해서 밖이 보여요. 목사님. 불이 보여요. 불이 떨어지는 게 보이는데 목사님은 하나도 못 받아요. 보고는 있어요. 그런데 이 비닐을 통해 밖에 있는 사람들과 불 떨어지는 게 보여요. 그러니까 목사님이 속으로 불이 떨어지네, 불이 떨어지는구나, 저렇게 뜨겁구나. 이렇게 머리로만 알아요. 몸으로는 하나도 못 받아요. 그 비닐로 된 우산이 막고 있어서 몸 안에 하나도 흡수가 못 돼요. 떨어지지를 못하고 있어요. 예수님께서 너무 안타깝대요. 이 우산은 본인들이 치고 있는 거래요. 이 우산을 빨리 없애야 한대요. 빨리 접어야 한대요. 접는 거는 자기가 마음을 찢어서 회개하고 이 우산을 접겠다고 선포를 해야 한대요. 이 우산이 접히면 목사님은 바로 그냥 이 불을 받을 수 있대요.

> 내가 불을 땅에 던지러 왔노니 이 불이 이미 붙었으면 내가 무엇을 원하리요 _눅12:49

OOO집사님은요. 이렇게 호박 같은 거를 머리에 쓰고 있어요. 단단한 노란색 호박 있잖아요. 그런걸 머리에 뒤집어쓰고 있어요. 밖에서 들리는 소리도 안 들리고 눈도 보이지 않아요. 우산을 쓴 사람들은요, 우산을 이렇게 조금만 해도 보이잖아요. 소리도 들리고 그런데, 이 OOO집사님은 호박을 아예 얼굴까지 뒤집어쓰고 있어서 보이지도 않고 들리지도 않고 그 단단함 속에 있어요. 그냥 몸으로만 촉각으로만 좀 느끼긴 하는데요, 소리가 안 들리니까 보이지 않으니까 스스로도 답답해하셔요. 이 단단한 것이 깨져야 한대요. 너무 안타까우시대요.

또 새 영을 너희 속에 두고 새 마음을 너희에게 주되 너희 육신에서 굳은 마음을 제거하고 부드러운 마음을 줄 것이며 _겔36:26

예수님께서 이것만 던져버리면 OOO집사님은 해방이 된다고 하세요. 다른 게 아니고 이미 이런 우산이나 이런 막힌 것이 없는 사람들은 계속해서 그 불을 사모하며 받으래요. OOO권사님에게는 그 불이 계속 따라다녀요. OOO권사님은 여기 있을 때뿐만 아니라 집에 가도 그렇고 어디를 가든 이 불이 머리에 임하고 계셔요. 그래서 그렇게 환상을 보시는구나. 주님, OOO권사님에게 이렇게 손에도 불이 임하고 계세요. 머리에도 임하지만 이제 OOO권사님에게 하나님이 은사를 주신대요. 그래서 이제 손에서도 불이 나간대요.

너희가 내게 부르짖으며 내게 와서 기도하면 내가 너희들의 기도를 들을 것이요 너희가 온 마음으로 나를 구하면 나를 찾을 것이요 나를 만나리라
_렘29:12-13

6. 밀짚모자를 벗으라, 지식의 교만이다!

OOO 집사님을 알려주세요. 집사님은 모자를 쓰고 계세요 밀짚모자를 쓰고 계세요. 모자를 쓰고 있어서 소리는 들려요. 소리도 들리고 볼 수도 있어요. 그런데 머리가 안 뜨거워요. 머리가 안 뜨거워요. 하나님이 지식을 버리래요. 하나님에 대한 교만이 있대요. 지식으로만 자꾸 하나님을 알려고 한대요. 하나님은 이 머리에 있는 모자를 벗으래요. 지식을 버리래요. 하나님에 대한 교만을 버리래요. 그럴 때 불이 임하면 엄청나게 하나님이 역사하시고 움직이시고 하나님이 도우실 수 있대요.

하나님 아는 것을 대적하여 높아진 것을 다 무너뜨리고 모든 생각을 사로잡아 그리스도에게 복종하게 하니 _고후10:5

하나님, 제 것도 보여주세요. 저는 어떤 상태예요? 저는요? 하얀 꽃병이 됐어요. 제 몸이 꽃병이 됐어요. 하얀색 꽃병인데 주둥이는 쪼끄매요. 그래서 꽃을 많이 꽂지는 못하는 꽃병이에요. 그렇지만 차오르고 차오르는 모습이 보여요. 꽃이 제 꽃병 안으로 제 몸 안으로 꽃이 심겨져요. 예수님께서 말씀하시기를 저는 이거를 자꾸 전하래요. 그러면 이 입구가 점점 넓어져서 꽃병이 아니라 이제 점점 항아리가 되고 점점 더 많은 것을 심고 나누고 담을 수 있는 그릇이 된다고 하세요. 주님 감사합니다. 주님이 가르쳐 주시고 계세요.

큰 집에는 금 그릇과 은그릇뿐 아니라 나무 그릇과 질그릇도 있어 귀하게 쓰는 것도 있고 천하게 쓰는 것도 있나니 _딤후2:20

7. 판단의 안경을 벗으라

OOO집사님은 안경을 쓰고 계세요. 세상의 안경이에요. 불을 받기는 받아요. 듣기도 들어요. 그런데요 이 안경을 쓰고 있어서 이 안경으로 판단을 해버려요. 그래서 다 쏟으신대요. 받기는 받는데 너무 쉽게 쏟으신대요. 이 안경으로 이미 다 판단을 해버려서 받은 거를 다 쏟으신대요. 예수님께서 안경을 빨리 벗으시래요. 회개를 많이 하시래요. 3일 금식을 하시래요. 3일 금식을 온전히 하나님께 드려보래요. 그럼 안경이 벗겨진다고 하세요. 예수님께서 안경을 벗기시면 집사님의 모든 것을 형통하게 만드신대요.

내가 의인을 부르러 온 것이 아니요 죄인을 불러 회개시키러 왔노라
_눅5:32

하나님 가르쳐 주세요. 집사님은 옷을 입고 있는데요. 까만색 상복을 입고 있어요. 손과 발에 족쇄를 차고 있어요. 몸을 움직이지 못해요. 상복을 입고 있는데 사단이 그 몸 안에서 엄청 욕설을 해요. 머리는 뜨거워요. 하나님이 불을 주시려고 하는데 사단이 온몸을 제어하고 있어요. 본인은 일어나고 싶은데 이 몸 안에 사단들이 꽉 물고 있어요. 그리고 본인도 자기 자신을 비관하고 울고만 있어요. 몸 안에 어렸을 때 받은 상처로 인해 어린아이가 몸 안에서 울고 있어요. 마음 속에 그 어린아이가 울고 있어요. 그 어린아이를 빨리 해방을 시켜야 된다고 하세요. 그런 것들을 하나님께서 보여주세요. 하나님께서 시간을 드리래요. 하나님께 간구하래요. 그래서 그 상복을 던져버리고 하나님의 새 옷을 입혀주실 때까지 계속 하나님의 은혜를 구하시래요.

그런즉 누구든지 그리스도 안에 있으면 새로운 피조물이라 이전 것은 지나갔으니 보라 새 것이 되었도다 _고후5:17

8. 비가 새고, 쥐가 있는 집

　OOO집사님은 집을 갖고 계신데요. 집에서 비가 새고 쥐가 있어요. 집안에 쥐가 있는데 쥐들이 집 지붕이며 벽이며 갉아서 비가 새요. 그런 모습들을 보여주세요. 그리고 집사님은 그걸 알고 계세요. 집이 무너지고 있다는 걸 알고 계세요. 그런데 그냥 그 집 안에 계세요. 그 쥐를 잡을 생각도 안 하고 비가 올 때 물이 새고 있는 것을 보고만 계세요. 보고만 있지 말래요. 움직여서 쥐를 잡으시래요. 계속해서 방어하고 공격을 하라고 하세요. 자녀들이 속 썩일 때 그냥 보고만 있지 말고 그 안에서 역사하는 것들을 향해 화살을 쏘고 쥐가 하는 것들을 보고만 있지 마시래요. 쥐가 마귀래요 마귀.

근신하라 깨어라 너희 대적 마귀가 우는 사자 같이 두루 다니며 삼킬 자를 찾나니 _벧전5:8

　OOO 권사님은 등 뒤에 큰 산을 지고 있어요. 짐도 아니고, 차도 아니고 집도 아니고 산을 등에 지고 있어요. 아무 쓸모 없는 산을 마치 좋은 것을 들고 있는 냥 지고 있어요. 왜 쓸데없이 그걸 지고 계신 지 모르겠어요. 예수님께서 그 짐 좀, 그 산을 내려놓으래요. 왜 산을 그렇게 무겁게 지고 계시냐고 하시네요. 그런데 그걸 되게 되게 아끼세요. 그 무거운 거 아무 쓸데없는 거를 스스로 아끼고 그걸 지고 계신대요. 내려놓으려고 하지 않는 대요. 예수님께서 스스로 깨달으시래요. 그걸 버려야만 몸이 가벼워지고 영원히 산대요. 그 무거운 짐을, 무거운 산을 내려 놓으래요. 짐도 아니에요. 산이에요 산. 엄청나게 큰 산이에요. 스스로 버리려고 작정을 하래요. 마음에 버리겠다고 선포를 하래요.

모든 무거운 것과 얽매이기 쉬운 죄를 벗어 버리고 인내로써 우리 앞에 당한 경주를 하며 _히12:1

수고하고 무거운 짐 진 자들아 다 내게로 오라 내가 너희를 쉬게 하리라 _마11:28

9. 짜리몽땅한 양초, 꺼지지 않는 빛과 사역의 축복

　　OOO전도사님은요, 몸이 초가 됐어요. 짜리몽땅한 초예요. 불이 밝혀졌는데요, 불이 엄청나게 밝은 빛이에요. 그 추운데도 불구하고 빛이 엄청나게 밝아요. 그 짜리몽땅한 양초에서 빛이 얼마나 밝게 빛나는지 엄청 밝아요. 그 빛은, 가리려고 해도 가릴 수가 없는 빛이에요. 그 빛이 전도사님의 마음에 비치고 있어요. 그래서 예수님께서 기뻐하신대요. 그 빛이 이렇게 사람들을 향하여 비쳐진대요. 그래서 이제는 사역이 열린대요. 그 빛이 사람들을 향하여 비치기 때문에 사람들이 이제 전도사님 곁으로 다가온대요. '어쩌면 좋아요.' 저에게 그 빛 좀 나눠주세요, 자꾸 이렇게 다가와서 오히려 가만히만 있어도 사람들이 몰려오고, 빛을 향하여 달려온대요. 주님 축복하신대요.

　너희는 세상의 빛이라 산 위에 있는 동네가 숨겨지지 못할 것이요
　_마5:14

10. 지식의 방수망토를 벗어버려라

하나님께서 OO 집사님을 알려주세요. 집사님은 망토를 두르고 계세요. 이 망토는 방수 망토인데 집사님 몸을 휘감고 있어요. 그래서 하나님이 생명의 물을 쏟으셔도 이 망토가 흡수를 못하게 방해해요. 몸을 다 가두고 계세요. 그런데 머리나 얼굴이나 귀는 다 열려 있기 때문에 보기는 보고 맛은 봐요. 그런데 이 몸 안으로 흡수가 안 돼요. 그래서 자녀들이며 자손들이 이걸 흡수를 못 한대요. 본인은 아는 건 많대요. 그런데 이게 삶에서 축복이 안 된다고 하세요. 이 망토를 풀어야 된다고 하세요. 망토를 벗어버려야만 축복이며 이런 것들이 흘러서 자녀에게도 가고 본인도 흘러넘치는데 망토가 온몸을 감고 있어서 성령의 역사 체험은 하는데 이게 삶에서 역사가 없대요. 그래서 그 세월이 너무 안타까우시대요.

모든 무거운 것과 얽매이기 쉬운 죄를 벗어 버리고 인내로써 우리 앞에 당한 경주를 하며 _히12:1

11. 예쁘게 꾸미고 장식하는 은사, 섬기라고 주신 것

OOO집사님은요, 머리띠를 하고 계세요. 꽃으로 장식된 머리띠를 하고 계세요. 그런데 너무 안타까운 것은, 꽃으로 된 이 머리띠로 장식하고 계시는데 여기에 관심이 많으세요. 그래서 하나님이 불도 주시고 물도 주시고 하는데 받기는 받으시는데 집사님의 모든 촉각이 머리띠에 가 있어요. 그래서 여기 꽂혀서 머리띠에 장식된 것을 계속 만지작 만지작거리고 여기를 단장하느라고 정신이 없으세요. 이게 뭘 의미하는지 잘 모르겠어요. 하나님 이게 집사님에게 뭘 의미하는 걸까요? 집사님은요. 이렇게 가꾸는 걸 좋아하신대요. 그래서 눈에 보이는 걸 가꾸는 걸 좋아하신대요. 아기자기하고 예쁜 걸 보기를 좋아하신대요. 그런 은사가 있으시대요. 꾸미고 하는 거에 은사가 있으신데 그거를 본인을 위해서만 하신대요. 자기 집, 본인, 그런데 예수님께서 이거를 푸셔서 사람들에게 나눠주길 원하신대요. 그래서 교회도 가꾸시고 여기 제단에서도 가꾸시고, 다른 사람과 달리 가꾸시는 은사가 있으시대요. 그래서 그런 것을 하시면 하나님이 너무 기뻐하신대요.

각각 자기 일을 돌볼뿐더러 또한 각각 다른 사람들의 일을 돌보아 나의 기쁨을 충만하게 하라 _빌2:4

각각 은사를 받은 대로 하나님의 여러 가지 은혜를 맡은 선한 청지기 같이 서로 봉사하라 _벧전4:10

12. 금이 간 요강 단지, 말씀의 역청을 바르라

OOO장로님은 빨간 요강 단지 같은 것을 보여주세요. 그런데 요강에 금이 굉장히 많이 나 있어요. 그런데 예수님께서 그거를 깨지지 않게 테이프 같은 거로 붙여놓으셨어요. 그래서 깨지지는 않는데요. 이 금 간 곳으로 자꾸 이렇게 물 같은 게 새요. 그래서 예수님께서 말씀하시기를 그 안에 역청을 발라야 한대요. 겉에는 테이프로 고정을 해 놓아서 깨지지는 않는데요. 그런데 이게 비가 샌대요. 이게 물이 조금씩 조금씩 샌대요. 자기도 모르는 사이에 이 성령의 물이 계속 새기 때문에 이 새는 것을 막으려면 안에 역청을 발라야 한대요. 장로님의 마음에서 그걸 발라야 한대요. 역청을 바르라는 것은 하나님이 말씀을 계속해서 바르시래요. 믿음으로 말씀으로 바르시래요. 그래서 그 안에 역청을 발라서 새는 것을 막으시래요. 새는 것을 막았을 때 축복이 계속 담기고 성령의 역사가 담겨서 이 요강같이 작은 이 그릇이 넓혀지신대요. 그래서 하나님이 그렇게 쓰시기를 원하신대요.

주의 말씀은 내 발에 등이요 내 길에 빛이니이다 _시119:105

구원의 투구와 성령의 검 곧 하나님의 말씀을 가지라 _엡6:17

하나님이 톱을 가진 것을 보여주세요. 전기톱을 갖고 계세요. 열심히 나무 같은 거를 자르시는 모습을 보여주세요. 그런데 그 안에 기쁨이 너무너무 샘솟아요. 그것을 자르는 손도 예수님께서 도우시고 계시는 모습을 보이시고요. 예수님께서 굉장히 기뻐하시는 모습을 보여주세요. 그 작업을 하는 모습을 보시고 기뻐하시고 그 손을 잡고도 기뻐하시면서 본인도 굉장히 기뻐하는 모습을 보여주세요. 그 일을 할 때 기뻐하시는 것 같아요.

무슨 일을 하든지 마음을 다하여 주께 하듯 하고 사람에게 하듯 하지 말라 _골3:23

13. 천국문을 여는 찬양의 향연을 보다

현악기 소리도 들리고 나팔 소리도 들리고요, 아주 웅장한 파이프 오르간 소리도 들리고요. 굉장히 많은 악기들이 있어요. 악기들이 얼마나 많은지 오페라 하우스보다도 더 커다란 엄청나게 큰 연주회관 같은 그런 곳에 악기들이 얼마나 많은지 세상의 악기들을 다 갖다 놓은 것 같은 그런 악기들이 거기에 너무너무 많아요. 그 악기들이 저절로 자동으로 움직이는데 그 가운데에 뭐가 있냐면요. 아주 아주 큰 향로가 있어요. 금향로인데 큰 향로가 하나가 있는데 향로가 엄청나게 컸어요. 그 커다란 향로에서 향이 계속해서 올라와요. 하얀색 향이 향로 안에서 계속 올라와요. 그런데 향로에서 그 연기와 함께 찬양이 올라와요. 그렇게 둥근 연주회관 같은 곳에서 악기들이 계속 자동으로 찬양을 해요.

그러므로 우리는 예수로 말미암아 항상 찬송의 제사를 하나님께 드리자 이는 그 이름을 증언하는 입술의 열매니라 _히13:15

거기는 그냥 가만히만 있어도 귀가 얼마나 즐거운지 몰라요. 찬양의 소리가 얼마나 큰지 천장을 보니까 천장이 없어요. 이 성은 천장이 없어요. 천장이 없는데 그 천장 위로 천사들이 얼마나 많은지 천사들이 춤을 춰요. 수천 수만의 천사가 그 찬양 소리에 맞춰서 얼마나 많은 춤을 추는지 오색 빛깔의 천사들이 거기서 춤 연습을 했던 거였어요. 춤을 너무나 아름답게 춰요. 여기는 성이 아니고 큰 나팔 모양으로 된 것 같아요. 확성기 같은 그런 것 같아요. 향로 안에서 연기가 나오는데 찬양이 들려요. 세상에 찬양들이 거기서 다 모여서 하나님께 보좌 앞으로 올라가는 거였어요. 연기가 돼서 계속해서 하나님 보좌로 흘러가는 거였어요. 성도들의 찬양은 향이라고 하셨는데 그 말이 맞았어요. 보좌로 향이 돼서 얼마나 많은 향이 올라가는지.

감사함으로 그의 문에 들어가며 찬송함으로 그의 궁정에 들어가서 그에게 감사하며 그의 이름을 송축할지어다 _시100:4

너무나 아름다운 찬양들을 계속해서 향로에서 연기가 돼서 연기처럼 계속해서 흘러나와요. 계속 그 동그란 그 타워 같은 그런 곳에서는 계속해서 악기들이 찬양을 맞춰 연주하고 위에서는 천사들이 계속해서 춤을 추고. 하나님은 그 향기를 흠향하세요. 너무 기뻐하시면서 그 찬양을 흠향하시는 모습을 보여주세요. 이것들이 이 천국의 향기를 만들었어요.

아 그렇구나. 이게 제가 천국을 갈 때마다 느꼈던 그 향기가 여기서 발산이 되는 거였어요. 이 향기였구나. 천국에 그렇게 좋은 향기가 바로 여기서 나는 거였어요. 찬송 소리가 이 향기였어요. 성도들의 찬양이 바로 이 향기를 만드는 거였어요. 너무나 좋은 향기가 여기서 만들어졌었어요. 너무나 좋은 향기의 찬양을 하니까 하나님이 이 찬양을 받으시면서 흠향하시는 것을 보여주세요.

향연이 성도의 기도와 함께 천사의 손으로부터 하나님 앞으로 올라가는지라 _계8:4

천사들이 얼마나 아름답게 찬양하는지 몰라요. 춤을 춰요. 우리가 영으로 하는 찬양도 받으시고요. 우리가 입술로 하는 찬양도 받으세요. 찬양의 향기가 너무 좋아요. 하나님이 그래서 우리 찬양을 받으시는 걸 기뻐하셨구나. 여러분들 이 향기를 하나님이 너무 기뻐하셔요. 하나님이 찬양을 그래서 기뻐하셨다는 것, 하나님이 찬양을 왜 좋아하시는지 알았어요. 하나님이 찬양을 좋아하시는 이유가 이거였어요. 찬양의 향기가 얼마나 좋은지 몰라요. 하나님이 코를 여기다가 이 향기를 맡으시느라고 너무너무 좋아하시고 기뻐하시면서 흠향하셔요.

천사들이 향기에 취해서 춤을 추는 거였어요. 향기가 너무너무 좋아요. 그러니까 마귀가 찬양하는 걸 싫어해요. 아 그랬구나. 우리가 찬양하려고 할 때 사단은 우리 입을 못 열게 해요. 왜 그러냐면 찬양을 하면 하나님이 이렇게 기뻐하시거든요. 이 향기가 얼마나 좋은지 몰라요. 그런데 사단은 이 향기가 너무 싫은 거예요. 왜냐하면 하나님이 기뻐하시면 자기들이 죽어가거든요. 하나님이 기뻐하시는 게 사단은 제일 싫어하는 거거든요. 이 향기가 사단들이 제일 싫어하는 향기거든요.

하나님이 죄를 싫어하시는 것처럼 사단은 찬양의 향기를 싫어해요. 너무 싫어해요. 미친 듯이 싫어해요. 벌레가 살충제를 뿌리면 죽어가잖아요. 그 독기 때문에 마귀는 우리의 찬양 소리에 죽어가거든요. 이 찬양의 향기 때문에 미치거든요. 그래서 마귀는 우리에게 찬양을 못 하게 입을 꽉 막는 거예요. 춤을 못 추게 몸을 제어하는 거거든요. 그런데 찬양만 하면 이렇게 좋은 향기가 나는 거예요. 그래서 영이 열리는 거였어요. 영의 세계에 들어가려면 찬양을 많이 해야 되는 거였어요.

기도는 응답이 되기 위해서 하는 거지만 찬양은 이 문을 열어요. 하나님의 마음을 기쁘시게 해요. 하나님의 마음을 열어요. 그래서 찬양을 해야 하는 거였어요. 찬양의 향기가 얼마나 좋은지…하나님이 이 찬양을 너무 기뻐하세요. 성전에서 울려 퍼지는 찬양은 하나님이 너무너무 기뻐하시는 찬양이래요. 흠향하시기에 부족함이 없대요. 영으로 찬양하는 이 찬양 소리도 너무 기뻐하신대요. 하나님이 얼마나 얼마나 기뻐하시는지 아이처럼 기뻐하세요. 그 향기가 너무 좋아요. 향기가 얼마나 좋은지 향로에서 찬양이 연기가 돼서 계속해서 향기를 진동시켜요.

찬양을 많이 해야겠다는 생각이 계속 들어요. 너무너무 좋아서. 여러분, 찬양이 안 나오더라도 하세요. 이 찬양은 거침이 없어요. 내 마음이 울적하거나 힘들거나 그런 것에 상관이 없어요. 그냥 입을 열어서 찬양하는 게 다 올라와요. 눈물의 찬양도 올라오고 기쁨의 찬양도 올라오고. 거침이 없어요. 화가 날 때 부른 찬양까지도 다 올라와요. 그냥 다 올라와서 향기가 돼요. 향기가 돼요. 그래서 이 찬양을 하면 문이 열리는 거였어요. 찬양을 많이 하라고 얘기하세요. 하나님이 찬양을 많이 하라고 계속해서 당부하시네요.

하나님께서 다윗이 왜 하나님의 마음에 합한 사람이었는지 아느냐고 하시네요. 다윗은 어려서부터 목동일 때부터 계속 끊임없이 찬양했기 때문에 하나님이 그를 쓰셨대요. 하나님은 다윗을 찬양 때문에 쓰셨대요. 하나님을 계속 찬양했대요. 아주 어릴 때부터 양을 치면서 계속 찬양했다고 성경에도 나오잖아요. 하나님 그거 하나 보셨네요. 하나님을 찬양하는 그 모습이 하나님을 너무너무 기쁘시게 했어요.

나를 원수들에게서 이끌어 내시며 나를 대적하는 자 위에 나를 높이시고 나를 강포한 자에게서 건지시는도다 이러므로 여호와여 내가 모든 민족 중에서 주께 감사하며 주의 이름을 찬양하리이다 _삼하22:49-50

하나님이 다윗을 사랑 안 할 수가 없대요. 하나님의 마음을 이렇게 기쁘게 하시니까? 그래서 하나님이 다윗을 사랑하셨구나. 다윗은 그래서 그렇게 시편에서 하나님을 계속 찬양했던 거예요. 하나님은 다윗이 찬양을 얼마나 얼마나 많이 올리는지 사랑 안 할 수가 없어요. 다윗은 계속 찬양을 해요. 보니까 쉼이 없어요. 쉼 없이 계속 찬양을 해요. 고난 속에서도 찬양하고 힘든 과정에서 찬양하고 계속 찬양을 해요. 찬양하는 모습이 계속 올라가요. 하나님이 찬양을 받으시는 모습을 보여주세요. 우리가 악기로도 찬양하잖아요.

악기로 찬양하는 것도 하나님이 흠향하시고 기뻐하세요. 춤추며 찬양하는 것도 받으시고 어떤 모양으로라도 하나님을 찬양하는 거를 너무 기뻐하세요. 하나님을 기쁘시게 하는 거는 다른 게 아니고 찬양하는 거였어요. 비밀을 알려주셔서 감사합니다. 너무너무 좋아서 나가기가 싫어요. 향기가 너무 좋고요. 하나님이 기뻐하시는 모습이 얼마나 얼마나 좋은지 나가기가 싫어요.

그러므로 우리는 예수로 말미암아 항상 찬송의 제사를 하나님께 드리자 이는 그 이름을 증언하는 입술의 열매니라 _히13:15

14. 용서와 사랑으로 고난 속에 쌓아 올린 천국의 집

　세상에 천국에 가면 다 아름답다고 하는 게 이런 표현인 것 같아요. 저의 모습인줄 알겠는데 육체의 그런 저의 형상을 가진 것이 아니고 천국의 형상을 가진 그런 모습이에요. 제가 스스로 저의 모습이 보이는데 너무나 아름다운 모습이에요. 얼굴이 빛이에요. 빛의 형상을 가졌어요. 얼굴이 황금빛이라고 밖에 설명할 수가 없어요. 모든 입술과 눈과 그리고 뺨과 모든 것들이 다 황금빛이에요. 머리도 마치 백인의 머리카락처럼 황금빛이에요.

　갑자기 작은 양초 하나가 보이기 시작했어요. 촛농이 똑똑똑똑 떨어져요. 그런데 불길이 타오르는데 무슨 모닥불 불처럼 확 타올라요. 초의 크기가 손가락 마디만 해요. 아주 작은 초인데 촛농이 계속 떨어져요. 불은 계속 활활 타올라요. 그것이 갑자기 제 눈앞에 보이기 시작했어요. 제가 "이게 뭐예요?" 하고 물어봤어요. 양초가 아주 작다고 했잖아요. 얼마 남지 않은 양초가 온몸을 녹이면서 촛농이 계속 떨어지고 있어요. 그런데 불은 큰 모닥불 같다고 했잖아요. "제가 이게 뭐예요?" 라고 물어봤더니 하나님께서 권사님의 삶이 이만큼 남았다면서 저한테 보여주세요. 촛농이 계속 떨어지는데 그 땀방울, 온몸을 사리지 않고 사역하시는 모습을 표현한 거예요. 그런데 그 불길은 하나님이 일하시는 것을 표현하신거래요. 엄청나게 그 작은 초에서 어떻게 그렇게 큰 불이 일어날 수 있느냐니까 이

것이 바로 하나님이 주신 큰 불이라는 거죠.

너희는 세상의 빛이라 산 위에 있는 동네가 숨겨지지 못할 것이요 _마5:14

그러므로 형제들아 내가 하나님의 모든 자비하심으로 너희를 권하노니 너희 몸을 하나님이 기뻐하시는 거룩한 산 제물로 드리라 이는 너희가 드릴 영적 예배니라 _롬12:1

 사람들에게 줄 수 있는 불은 다 용량이 적어서 양쪽에서 나오는 그 작은 불이지만 하나님이 이렇게 큰 불이 나올 수 있게 하신다는 거예요. 이 작은 양초에서 하나님이 그렇게 큰 불을 주신다는 거에요. 얼마 남지 않았지만, 하나님이 이렇게 크게 쓰신다는 거예요. 갑자기 그걸 보여주세요. 예수님께서 품으로 안고 있는 모습이 보이네요. 엄마가 아기를 안고 젖을 먹이실 때 옆으로 안잖아요. 예수님께서 옆으로 안고 토닥토닥하시면서 아주 아기를 품듯이 그렇게 안고 계시네요. 그렇게 안고 계시는 모습을 불꽃 가운데서 저에게 보여주세요. 그러면서 저한테 얘기했어요. 음성이 들려요. "내가 누구나 이렇게 안고 일하고 싶다. OO야 내가 왜 이렇게 이 딸을 안고 있는지 아니? 내가 왜 이 딸을 이렇게 사랑하고 보듬는 줄 아니?
 이 딸은 내 마음을 참 잘 안단다. 내 마음을 너무나 시원케 하는 자란다. 그래서 내가 이렇게 보듬을 수밖에 없단다. 너도 네 자녀가 말을 안 들을 때 속상해서 저리 가라고 하지. 나도 때로는 너희가 너무너무 내 속을 썩여서 징계하기도 하고, 어떨 땐 내치고 싶을 때도 있단다. 그런데 이 딸은 그렇지가 않아. 항상 내가 내 품에 안고 있단다. 너도 내 마음을 좀 잘 알아주렴. 네가 이제는 저 컨테이너 박스에 기도를 쌓지 말고 내가 보여주는 이 딸처럼 내 마음에 합한 기도를 드리고 내 마음에 흡족한 기도를 하고 내 마음을 알아주는 딸이 되어라. 그렇게 얘기를 하셔요. 제가 그 모습을 보고 무릎을 꿇었어요. "네, 예수님." 제가 그렇게 고백을 하니까 눈앞에 보이던 양초가 사라졌어요.

그러더니 마치 갑자기 눈앞에 아른아른 영상 같은 게 보여요. 갑자기 제 앞에 롤 스크린이 내려와서 영상이 보이기 시작하는데, 태어나면서부터 지금까지 오시면서 그런 모습은 아주 희미하게 보이고요, 천국에 보화가 쌓아지는 모습들을 아주 초고속으로 빠르게 보여주세요. 엄청나게 빠른 속도로 천국에 집이 지어져 가는 것을 순식간에 보여주세요. 터가 보이더니 갑자기 올라가기 시작하고 옆으로도 퍼지고 실내에 그 내부들이 채워지는 것들이 보이고 장식하는 것들이 보이고 천사들이 엄청나게 바쁘게 집을 지어가는 모습들을 계속해서 영상으로 한순간에 초고속으로 보여주기 시작해요. 그러더니 저한테 얘기하세요. "이게 바로 눈물로 만들어지고 땀으로 만들어지고 온 마음과 정성으로 만들어지는 거란다"라고 얘기해 주세요. 그렇구나.

천국의 집은 쉽게 만들어지는 게 아니었어요. 왜 그런지 알았어요. 삶 속에 고난이 있었잖아요. 그 고난을 진실한 마음으로 대했어요. 회개합니다. 하나님 회개합니다. 저는 솔직히 간증을 들으면서 '사람이 어떻게 그럴 수 있어. 남편이 그렇게 속 썩이는데 …어떻게 눈 한 번 안 흘기고 어떻게 한 번도 미워 안 할 수 있어. 설마 그럴리가. 어떻게 사람이 그럴 수 있어. 한 90%는 맞고 한 10%는 부풀린 거 아닐까?' 그런 마음이 있었는데 하나님이 보여주세요. 그 고난을 정말로 진실한 마음으로 사랑하고 진실한 마음으로 대했어요. 뻥을 치신 줄 알았는데 정말 진실한 마음으로 대했더니. 그렇게 상급이 컸던 거예요. 정말로 사랑으로 대했어요. 말이 아니었어요. 겉모습이 아니었어요. 겉치레가 아니었어요.

자녀들아 우리가 말과 혀로만 사랑하지 말고 행함과 진실함으로 하자
_요1, 3:18

　황금 집이 얼마나 큰지, 천국 성이 얼마나 큰지, 집이 얼마나 큰지 다 알고 계셨어요. 그걸 알아서 사람을 미워하질 않으셔요. 미워하면 손해라는 걸 알고 있기 때문에 천국 비밀을 알고 있어서 진실하게 사람을 대해요. 어떤 사람을 대해도 가증스럽게 대하지 않으세요. 진실한 마음으로 대하세요. 예수님의 사랑을 정말로 부음받으셨어요. 천국에 얼마나 보화가 많은지 순식간에 하나님이 보여주시는데 계속 늘어나는 모습들이 보여요. 예수님께서 저에게도 말해요. 이런 진실한 마음으로 땀을 흘리고 눈물을 흘리고 그렇게 살아가라고 저한테 부탁하세요. 제가 또 무릎을 꿇고 " 그렇군요. 네 그렇게 할게요." 하고 대답을 했어요.

너희를 박해하는 자를 축복하라 축복하고 저주하지 말라 _롬12:14

사랑은 오래 참고 사랑은 온유하며 시기하지 아니하며 사랑은 자랑하지 아니하며 교만하지 아니하며 _고전13:4

15. 마귀의 조롱,
   네가 죽기 전에 예수하고 상관있게 죽었냐

제가 너무 무서워서 덜덜거리면서 그걸 보니까 하나님이 불을 보여주세요. 어쩜 이렇게 대조적일까? 어쩜 이렇게 대조적일까? 천국에서 본 불은 너무 아름답고 너무 거룩했는데, 여기 있는 불은 너무 무섭고 너무 뜨겁고 너무너무 무서운 것밖에 없어요. 이 불은 너무너무 무서워요. 이 불은 너무 무서운데 이 불이 저를 데리고 가요. 점점 타오르는 불로 내려가요. 타오르는 불 위에 숯불 같은 것이 놓여 있고 그 위에 사람들이 있는데 꼬챙이에 사람들이 끼워져 있어요. 입에서부터 항문까지 꼬챙이가 끼워져서 사람들이 불 위에서 구워지고 있어요. 너무 무서워요. 사람들이 거기에서 꼬챙이에 껴서 구워지고 있고 타고 있는데 죽은 게 아니에요. 그 꼬챙이에 꽂힐 때 그 느낌이며, 타는 느낌이 이 사람 온몸으로 다 느껴져요. 이 사람이 괴로워서 괴로운 정도가 아니에요. 악을 쓰면서 비명을 지르는데 죽지도 않아요. 죽고 싶다고, 차라리 죽었으면 좋겠다고 죽여달라고 그래요. 마귀들은 이리 굽고 저리 굽고 계속해서 그 뜨거운 불에 넣었다 뺐다 넣었다 뺐다 해요.

7살 된 남자아이도 보여요. 또 할아버지도 보이고 여자들도 보이고 남자도 보이고 아이들도 있고 그 뜨거운 불 속에서 사람들이 날 좀 살려달라고, 날 좀 살려달라고 소리를 질러요. 무서워요. 너무 무서워요. 냄새가 너무 지독해요. 손톱들이 다 녹아내렸어요. 불이 얼마나 뜨거운지 손톱 발톱들이 다 녹아내렸어요. 머리카락도 눈썹도 다 그슬려 있어요. 그런데 거기서 아무리 뜨거워도 죽고 싶어도 죽질 않아요.

거기에서는 구더기도 죽지 않고 불도 꺼지지 아니하느니라 사람마다 불로써 소금 치듯 함을 받으리라 _막9:48-49

그 일곱 살짜리 남자애가 저한테 소리를 질러요. "나 좀 꺼내줘. 나 좀 꺼내줘." 저한테 소리를 질러요. "우리 엄마 아빠 잘못 만나서 나 이렇게 됐어". 할아버지는 "우리 며느리 말 들을걸. 우리 며느리 말 듣고 죽기 직전이라도 내가 예수님 영접할 걸" 그러면서 저한테 소리를 지르기를 내가 제삿밥 얻어먹으려고 우리 조상 볼 낯 없다고 끝끝내 예수 영접 안 하고 죽었더니 내가 이렇게 됐다고. 내가 숨넘어가기 직전이라도 예수님 믿을걸 하면서 고통당하고 있어요. 어떤 여자는 유방암으로 죽었대요. 그런데 주일학교를 다녔었대요. 어렸을 때 다녔지만 그 이후로 자기가 세상 낙이 너무 좋아서 세상에 빠지고 예수를 잊고 살았대요. 그러다 시집가서 불교 집안에 들어가서 완전히 예수하고는 상관없이 살다가 이렇게 됐다면서 나 좀 살려달라고 저한테 소리를 질러요. 그러면서 저한테 따져요. 내가 한 번 예수 영접하면 끝난 거 아니냐고.

내가 왜 여기 와 있냐고 소리를 질러요.

한 번 믿었으면 됐지 왜 내가 여기 와 있냐고 소리를 질러요. 소리를 질렀더니 마귀가 낄낄거려요. 네가 죽기 전에 예수하고 상관 있게 죽었냐고. 마귀가 낄낄거리면서 죽기 직전까지 예수하고 상관 있게 살았냐고 하니까 이 여자가 할 말이 없어요. 할 말이 없어. 어떤 남자는 목사님 아들이래. 신학도 했대. 그런데 유학 가서 오만 방탕한 것에 빠졌대요. 음란한 것에 빠졌대요. 그래서 여자들에 빠져서 에이즈에 걸려서 죽었대요. 이 남자의 몸에는 구렁이가 칭칭 감고 그 얼굴을 계속 진드기가 빨아먹듯이 얼굴을 쭉쭉 빨아먹고 그 진액을 쭉쭉 빨아먹고 있어요. 너무 무서웠어요. 손톱 발톱들이 어쩜 그렇게 다 뭉그러져 있고 빠져 있고 너무 끔찍해요. 마귀들은 계속해서 재미있는 장난을 하듯이 아주 낄낄거리면서 그 사람들의 고통을 보면서 아주 재밌게 놀고 있어요.

하나님이 말씀해 주세요. 아까 그 본 해골들 그 귀신들이 여기서 고통당하는 게 억울하고 억울해서 사람들에게 계속해서 사단들이 계속해서 자기들이 억울하니까 자기들이 영원히 여기서 벌 받는 게 억울하니까 사람들의 몸 속에 계속해서 퍼뜨려서 자기들처럼 여기 와서 같이 영원히 살게끔 만든다는 거예요. 하나님의 자녀들까지도 영원한 불 못으로 같이 가려고 물귀신처럼 끌고 가려고 우리를 미혹하게 하고 유혹하고, 하나님의 말씀이 안 들리게 귀를 막아버리고 눈을 막아버리고 주님의 나라에 가려고 그 발걸음을 꽉 붙잡고 못 가게 하고 발목을 잡고 잘 믿는 아내와 잘 믿는 남편에게 공격하게 만들고 핍박하게 만들고 끝까지 못 가게 해요. 그들의 사명은 그

거라는 거예요.

저 천국에 간 사람들이 너무 질투 나고 시기 나고 밉고 자기들이 억울하니까 한 명이라도 지옥에 더 끌고 와서 같이 고통당하게 하려고 한 명이라도 천국에 못 가게 하려고 어떻게 해서든지 못 가게 하려고 그렇게 핍박하고 괴로움을 주고 못 가게 공격을 했다는 거예요. 영원한 지옥에서 자기들만 살기엔 억울해서요. 한 명이라도 더 끌고 와서 지금도 계속해서 하나님을 향해 가는 모든 성도를 잡아끌고 계속 그 작업을 하고 있다고 보여주세요. 우리 마음에 가라지를 뿌려놔서 계속 자라게 만들고 계속해서 쓴 뿌리를 내려서 열매를 맺혀서 결국에는 멸망시키려고 계속해서 일하고 있다고 쉬지 않고 일한대요.

근신하라 깨어라 너희 대적 마귀가 우는 사자 같이 두루 다니며 삼킬 자를 찾나니 _벧전5:8

지옥의 철문이 또 열려요. 위에서 아래로 열려요. 철문이 열리는 소리도 왜 이렇게 무서운지 너무너무 무서워요. 문이 열리면서 또 사람들의 비명소리가 들려요. 너무 무서운 비명소리. 개구리가 우는 것 같은 그런 비명소리가 들려요. 사람들이 방에 가득한데 다 앙상하게 뼈밖에 없는 그런 사람들인데, 백인 흑인 그런 사람들이 다 있어요. 각종 사람들이 다 있는데 온몸을 다 벗고 있고 뼈밖에 없는 그런 사람들이 한 곳에 이렇게 몰려 있어요. 코너 같은 데 몰려 있어요. 왜 몰려있나 봤더니 그 사방에 지네 같은 거 있잖아요. 지네보다 좀 더 커요. 팔뚝만 한 지네가 수만, 수억 마리가 있는데 그 사람들을 향해서 몰려와요. 파도 같이 막 몰려와요. 사람들이 무서워서 그 지네를 보고서 겁에 질려서 도망을 가는데 그 코너까지 도망을 가요. 그러니까 사람들이 서로 그 지네한테 안 먹히려고 저쪽 벽 쪽에 붙으려고 하는데 서로 밀치고 소리를 질러요. 지네가 파도 같이 막 몰려오니까 사람들이 소리를 지르면서 서로 얼굴을 밟고 기어 올라가고 그래요. 지네가 그 사람들을 덮치기 시작하는데 온몸을 갉아먹기 시작해요. 갉아먹는 소리가 들려요. 사람들 살을 파고들면서 먹는 소리가 들려요.

　사람들이 살려달라고 악을 쓰면서 소리를 지르고, 그 지네들이 계속해서 살을 파고들고, 파고들고, 얼굴을 물고 성기를 물고 온 몸 구석구석 안 무는 데가 없어요. 그러더니 그 커다란 지네들이 사람 몸속으로 들어가요. 거머리처럼 들어가요. 그러더니 몸속에 있는 것들도 먹어요. 그 지네들이 좋아하는 게 그 몸속 안에 있대요. 알려주시기를 지옥에 들어가기 전에 첫 번째 관문이 분뇨통에 들어가서 잠긴다고 했잖아요. 이 지네가 그 몸안에 있는 것들을 그렇게 좋아한대요. 그래서 이 사람의 몸 안으로 들어가서 그것들을 먹기 시작하는데 장기 같은 것까지 다 같이 뜯어 먹는 거예요. 그러니까 우리가 암 같은 중병에 걸리면 고통 때문에 사람들이 진통제를 맞잖아요. 너무 아파서 속안이 썩어들어 가면서 느끼는 그 고통을 똑같이 느끼는 거예요. 그런데 진통제도 없어요. 속안이 너무 고통스러우니까 바닥을 떼굴떼굴 굴러다니는 거예요. 눈도 먹고 속 안에 모든 걸 다 먹는 거예요. 바깥으로 피가 뿜어져 나와요. 눈으로 입으로 피가 계속 토해져 나가요. 그걸 영원히 한대요. 영원히 그 고통이 끝나지 않아요.

우리가 암에 걸리면 그 암 투병하는 사람의 그 고통을 보잖아요. 그런데 그 사람은 암 걸리면 얼마 있다 죽잖아요. 고통이 그래도 끝나잖아요. 그런데 여기는 고통이 끝나질 않아요. 계속해서 지네가 먹는 고통을, 속 안에서 갉아먹는 그 고통을 계속해서 영원히 영원히 … 너무 무서워요. 피가 막 바닥에 흥건해요. 이 사람들이 속 안에서 토해낸 피들이 바닥에 강을 이뤄요. 너무 무서워요. 바닥을 떼굴떼굴 굴러다니면서 그 고통을 당하니까 온몸이 피투성이고 사람들은 자기 고통이 너무 크니까 서로서로 옆 사람을 볼 수가 없어요. 그 고통에 신음하는 소리가 너무너무 끔찍해요. 이 사람이 도대체 무슨 벌을 받는 거냐고 무슨 죄를 지었냐고 제가 물어봤어요. 아까 괴물들은 겉에 있는 사지를 먹었지만 이 사람들은 안으로 먹었잖아요. 이 사람들은 겉으로는 예의도 바르고 어디 가서든지 칭찬받는 사람들 있잖아요. 봉사도 많이 하고 헌신도 많이 하고 또 누가 봐도 굉장히 착실하고 그런 사람들 있잖아요. 모범적인 사람들, 그런 사람들인데 겉과 속이 다른 사람들, 속 안에는 죄악이 가득한 사람들이었던 거예요. 착한 척은 다 하면서 속에는 더러운 것들이 가득했던 사람들인 거예요. 겉으로 지은 죄가 아니고 속으로 지은 죄가 너무 많은 사람들이래요. 그러니까 그 안의 것들을 먹으려고 이 마귀들이 그렇게 달려드는 거예요. 너무 끔찍해요. 얼마나 끔찍하고 무서운지 몰라요. 이걸 보면 사람들이 정말로 지옥에 어떻게 내 자식을 보내겠어요. 너무너무 끔찍해요.

세상 끝에도 이러하리라 천사들이 와서 의인 중에서 악인을 갈라내어 풀무 불에 던져 넣으리니 거기서 울며 이를 갈리라 _마13:49-50

주의 약속은 어떤 이들이 더디다고 생각하는 것같이 더딘 것이 아니라 오직 주께서는 너희를 대하여 오래 참으사 아무도 멸망하지 아니하고 다 회개하기에 이르기를 원하시느니라 _벧후3:9

16. 내 사랑 안으로 돌아오라, 은혜의 강물을 놓치지 마라

너희들은 왜 내 사랑 밖에 있느냐? 사랑하는 내 아들과 내 딸들아 나의 자녀들아.

내가 사랑하는 너희는 내 사랑 밖에 있구나. 여전히 내 손을 뿌리치고 내 사랑 밖에서 나를 찾는구나. 내가 이처럼 너희를 사랑하는데 너는 여전히 내 사랑 밖에서 사랑을 찾고 있구나. 사랑을 갈구하고 있구나. 사랑을 갈망하고 있구나. 내 사랑 밖에서 찾고 있으니 사랑을 받을 수도 없고 찾을 수도 없고 사랑이 어디에도 없단다. 내 사랑 밖에서 나를 찾을 수 없고 만날 수도 없고 나를 볼 수도 없고 들을 수도 없단다. 너희가 언제까지 내 사랑 밖에서 나를 찾겠느냐? 나는 너희를 사랑하려고 다가가지만 너희는 내 사랑 밖에서 나를 찾아 헤매고 있구나. 내 사랑 안에 들어오거라. 더 이상 뿌리치지 말고 의심하지 말고 내가 하는 말을 그대로 믿어 보아라. 왜 이렇게 의심이 많으냐? 왜 이렇게 생각들이 많으냐? 너의 생각이 내 생각보다 옳으냐? 너의 생각이 내 생각보다 현명하냐? 네 생각에 옳으면 그것을 아멘이라고 대답하고 네 생각에 맞지 않으면 저건 이단이라고 판단해 버리고 무식한 소리라고 얘기해버리고 언제까지 그렇게 너희가 재판장이 되려느냐? 너희가 그렇게 현명하냐? 너희는 0.5초 후의 일을 알고 있느냐? 내일을 알고 있느냐? 미래를 알고 있느냐? 올 한 해 너희 앞에 어떤 일이 생길지 너희가 아느냐?

너희는 아무것도 모르는 자들이다. 그런데 너희는 어찌하여 모든 것을 다 아는 것처럼 판단하고 정죄하고 너의 생각에 옳으면 취하고 너의 생각에 맞지 않으면 버리느냐? 그것도 아주 짓밟아 버리는구나. 언제까지 그렇게 할 것이냐? 내 아들아 내 딸들아. 너희를 너무나 사랑해서 이곳에 보냈고 너무나 사랑하기 때문에 내 딸을 통해 계속 말씀을 주고 있다. 손끝으로 치료도 하고 내가 너희에게 돈을 요구한 적이 있느냐? 내 딸이 너희에게 헌금하라고 강요한 적이 있느냐? 이곳에서 쓰는 물이며 먹는 것이며 모든 것을 다 내가 공급하고 있지 않으냐? 다 사랑으로 내가 감싸고 있지 않으냐? 내 마음과 동일하게 내 딸도 그렇게 하고 있는데 너희는 어찌하여 너희 마음에 맞으면 취하고 맞지 않으면 다 버려버리고 짓밟아버리느냐?

어찌하여 은혜를 그렇게 저버리느냐? 짐승도 은혜를 안다. 개도 주인을 물지 않는다. 개도 그 주인을 알아보고 은혜를 알고 밥 주는 사람을 알아본다. 그런데 너희는 어찌하여 이렇게 은혜를 모르느냐? 은혜를 어떻게 그렇게 값없이 여기느냐? 값진 은혜를 받았음에도 불구하고 그 은혜를 갚을 줄은 모를망정 어찌하여 은혜를 그렇게 원수로 갚아버리고 값없이 버리느냐? 내가 너희를 사랑함은 거저 주는 사랑이지만 값없는 사랑이 아니다. 값진 사랑이다. 내가 흘린 피가 얼마나 많은지 너희가 아느냐? 내가 그 채찍에 맞은 고통을 너희가 아느냐? 내가 너희를 위하여 손과 발에 못 박힌 그 고통을 너희가 아느냐? 내가 너희에게 준 사랑은 그렇게 내 온몸을 찢어가며 내 생명과 바꾼 너희의 사랑인데 너희는 여전히 내 사랑 밖에서 나를 찾고 내 사랑 안에 들어오려고 하지 않는구나. 가슴은 여전히 냉랭하고 머리에는 지식만 가득하고 교만하고 모든 것을 자기 생각대로 판단해 버리고 정죄하고 가증스럽고 어쩌면 내 자식들이, 내 자녀들이 나의 모든 것을 바꿔서 산 너희들이 나를 향하여 어찌하여 이렇게 핍박하느냐? 네가 원할 때까지 참고 기다려야 하느냐? 내 마음이 너무나 아프구나. 강인하게 찢기는 내 몸뚱아리처럼 내 마음도 이렇게 찢어지고 아프단다.

지금 이곳에 앉아있는 자들도 마찬가지다. 매일 말씀을 듣고 여전히 여전히 내 사랑 밖에 있다. 딴생각으로 가득 차 있다. 말씀을 한 번도 제대로 집중해서 듣지 않고 있구나. 시간만 되면 방에 들어가서 잠이나 자고, 시간만 되면 딴 곳에서 딴짓하고 있고 시간만 되면 딴 사람하고 이야기하고 있고, 성전 밖에서 배회하고 있는 너희를 향하여 내가 너희에게 무엇을 줄 수 있겠느냐? 너희가 도대체 여기서 뭐 하려고 여기 왔느냐? 뭐 하려고 여기까지 올라와서 시간을 보내고 있느냐? 갈 데가 없어서 여기 왔느냐? 갈 데가 없어서 여기 왔느냐? 갈 데가 없어서 여기서 너희가 시간을 보내고 있는 것이냐 풀 뜯으러 여기 왔느냐 쑥 캐러 여기 왔느냐 도대체 도대체 여기 왜 왔느냐?

성전에서 기도하는 소리가 없다. 하루 두 차례 집회 시간 이외에는 내 성전을 발로 밟는 자가 없단다. 기도하는 소리가 너무 적다.

낮이고 밤이고 나를 향하여 부르짖는 자가 없구나. 여기에 앉아있는 자들조차도 그랬다. 가슴을 찢어 회개하는 자도 없거니와 나를 만나려고 애타게 간구하는 자도 없고 여기까지 올라와서 밖에 다니느라 시간을 쏟는구나. 나를 찾으려고 나를 만나려고 몸부림을 쳐도 부족한데 너희가 어찌하여, 어찌하여 나를 만나려고 하지 않느냐? 너희가 여기 온 목적이 무엇이냐? 먹고 자려고 여기 왔느냐? 자고 싶어서 여기 왔느냐? 뭐 하러 여기 왔느냐? 잠자려고 잠 잘 자리가 없어서 여기 왔느냐? 내 딸은 한 영혼이라도, 한 영혼이라도 하나님을 제대로 만나게 해주려고 천국을 열어주려고 밤낮 부르짖고 내게 간구하는데 너희는 시간마다 피해 가는구나. 예언을 해줘도 피해 가고 축사를 해주려고 해도 피해 가고 무엇을 하려고만 해도 피해 가고 도망가는구나. 사람들이 보지 않으면 자기 하고 싶은 대로 다 하고 언제까지 그렇게 할 것이냐?

너희가 보내는 시간들이 내가 볼 때 너무나 안타깝구나. 그러면서 너희는 나에게 뭐라고 말하는 줄 아느냐? 도대체 왜 이렇게 응답을 안 주시나…도대체 왜 이렇게 하나님은 가만히 계시는가?…도대체 내 기도를 듣고는 있냐고 내게 삿대질을 해대는구나. 너희가 내게 구한 적이 있느냐? 나를 찾고 찾아본 적이 있느냐? 난 너희가 도대체 여기 왜 왔는지 모르겠구나.

무엇을 찾으려고 여기 왔는지 모르겠구나. 정말 모르겠구나. 무엇 때문에 여기 왔느냐? 무엇을 찾고 싶어서 왔느냐? 돈을 찾고 싶어서 왔느냐? 세상에 나가서 돈을 벌어라. 그럼 나는 너희에게 줄 것이 없다. 나는 너희에게 지금 줄 것이 없단다.

너희의 그 더러운 마음에 내가 너의 마음에 무엇을 주겠느냐? 물을 담으려면 그릇이 움푹 패인 곳을 향하여 들어야지 그곳에 무엇이든지 담을 수 있지 않느냐? 엎어놓고 달라고 해봐라. 그 안에 무엇이 들어가겠느냐? 아무것도 들어갈 수가 없단다. 너희의 심령이 그렇게 단단하게 엎어져 있어서 어떤 것도 담을 수도 없고 들어갈 수도 없고 그 더러운 부분만 내게 보이고 있으니 내가 얼굴을 들 수가 없구나. 내가 너를 볼 수가 없구나. 너희의 안을 보고 싶다. 너희 마음의 안을 보고 싶구나. 언제 너의 마음을 내게 보여주려느냐?

내가 문밖에 서서 너의 마음을 두드리고 있다. 그 문은 너희가 열 수 있다. 내가 강제로 여는 것이 아니고 너희가 열어야 한다. 너희가 너희의 마음을 열어야 한다. 그것이 영접할 때만 쓰여지는 문이 아니고 내가 지금도 너희 밖에서 너희의 문을 두드리고 있다. 그 소리를 들으려고도 하지 않고 문을 열려고도 하지 않는 너희를 향하여 내 마음이 아프구나. 내 딸을 통해 나는 너희에게 계속해서 문을 열라고 말을 한다. 오늘도 말했고 내일도 말할 것이고 계속 말할 것이다. 그 소리를 듣고 문을 여는 자는 내가 그 안에 들어가 그는 나로 더불어 먹고 영원히 영원히 동행할 수 있지만 계속 두드려도 열지 않는 자는 내가 그 안에 들어갈 수가 없고 그와 동행할 수도 없단다.

너희의 마음에 있는 사단들이, 너희의 마음에 있는 귀신들이 그

문을 못 열게 너를 제어하고 너의 귀를 막고 너희의 눈을 막는다 할지라도 너희에게 선택권이 있단다. 너희가 선택하고 너희의 의지를 나타내면 그것들은 어떤 힘도 발휘할 수 없단다. 그런데 너희가 의지를 나타내지 않는구나. 선택하지 않는구나! 그것이 내 마음이 너무 아프고 안타깝구나. 어느 때까지 그렇게 하려느냐? 더 강한 의지를 나타내라. 사모하고 사모해라. 목마른 사슴이 물을 찾듯이 갈증이 나서 죽을 지경인 그 사람들이 사막에서 오아시스를 찾으려고 헤매는 그 심정으로 갈망하고 갈급한 심정으로 나를 자꾸 찾아라. 그럼 반드시 내가 너에게 응답한다.

볼지어다 내가 문 밖에 서서 두드리노니 누구든지 내 음성을 듣고 문을 열면 내가 그에게로 들어가 그와 더불어 먹고 그는 나와 더불어 먹으리라 _계3:20

하나님이여 사슴이 시냇물을 찾기에 갈급함 같이 내 영혼이 주를 찾기에 갈급하니이다 _시42:1

나를 찾지 않는 자에게 나는 그냥 갑자기 어느 날 뚝 하고 떨어지지 않는다. 왜냐하면 나는 갈급한 자에게 임한다. 그 이유가 무엇인가 하면 그래야만 그가 나를 완전히 만날 수 있기 때문이다. 나의 은혜는 값진 것이다. 공짜가 아니다. 값이 있는 것이다. 너희에게 똑같은 자녀가 있다. 한 명은 산고의 고통으로 온몸의 고통을 당하면서 낳은 자녀고 또 한 명의 자녀는 낳았는지 모르게 수술을 통해서 낳았다. 어떤 자녀가 더 값이 있을 것 같으냐? 어떤 자녀가 더 사랑스러울 것 같으냐? 나는 모진 고통 속에서 너를 낳았다. 나는 너무나 모진 고통에서 너를 낳았다. 나의 몸에 있는 물과 피를 쏟아내어 낳았다. 나는 너희를 그렇게 쉽게 낳은 것이 아니다. 나의 피를 단 한 방울도 남기지 않고 머리부터 발끝까지 쏟아 내어 너희를 낳았다. 내가 너희를 얼마나 사랑하는지 아느냐? 너희도 속으로 낳은 자녀가 사랑스러운데 내가 너희를 사랑하지 않겠느냐? 내가 너희를 얼마나 사랑하는지 아느냐?

내가 너희를 너무너무 사랑한다. 너무너무 사랑한다. 내 아들아 내 딸아 내가 너희에게 주려고 하는 것은 아름다운 것이고 따뜻한 것이며 좋은 것들이다. 그러나 너희는 다른 곳에서 그런 것을 찾고 있다. 어느 때까지 내가 너희에게 주려는 이것을 받지 못하고 피폐하여지고 황폐하여진 그 땅으로 가려느냐? 왜 스스로 광야를 걸어가느냐? 나는 너희에게 이스라엘 백성들처럼 40년을 죽음을 향하여 광야의 길로 보내고 싶지 않다. 왜 스스로 광야로 들어가려고 하느냐? 나는 너희가 빨리 나를 만나서 내가 준비한 이 모든 것들을 누렸으면 좋겠구나. 빨리 너희가 문을 열고 나를 만나서 내가 준비한 이 선물들을 다 받아서 누리고 행복해졌으면 좋겠구나. 그런데 너희는 스스로 광야로 가려고 한다. 이스라엘 백성과 똑같다. 원망하고 불평하고 의심하고 나를 전혀 믿지도 않는 것이 똑같다.

내가 다시 그들을 향하여 광야로 들어가라고 할 수밖에 없게끔 만들고 있다. 그 광야는 너희에게 고통의 시간이다. 너희 자신이 죽을 때까지 너희 자아가 죽을 때까지 너희가 두 손 두 발 다 들고 '천부여 오시옵소서, 주님밖에 없습니다.' 두 손 들 때까지 내가 광야로 보낼 수밖에 없다. 강제로 보낼 수밖에 없다. 보내는 마음이 내가 얼마나 아픈지 아느냐? 어찌하여 내가 스스로 너희를 향하여 그렇게 만들 수밖에 없게끔 만드느냐 말이다. 왜 너희는 돌이킬 줄 모르느냐? 스스로 돌이키면 얼마나 좋겠느냐? 꼭 내가 환경을 만들고 병을 주고 광야로 보내서 그 고통의 시간을 맛보게 해야만 두 손을 들고 오려느냐? 나는 너희가 스스로 돌이켰으면 정말 좋겠구나. 그 강퍅한 마음을 제발 좀 깨워주거라. 빙하보다도 빙산보다도 더 단단한 너의 마음을 나는 이제는 볼 수가 없구나. 이곳에 와서도 은혜의 폭포 속에 있어도 한 방울도 심령 안에 들어가지 못하는 단단한 너희를 볼 때 내 마음에 역장이 무너지는 마음을 너희가 아느냐 말이다.

또 새 영을 너희 속에 두고 새 마음을 너희에게 주되 너희 육신에서 굳은 마음을 제거하고 부드러운 마음을 줄 것이며 _겔36:26

이곳에서 계속 이렇게 보내고 있다면 더 이상 나도 너희를 계속 기다려 줄 수만은 없다. 40년을 광야를 배회했던 이스라엘 백성들같이 또다시 너희는 고통 속에서 나를 만날 수밖에 없다. 은혜의 시간은 계속해서 흘러가는 것이 아니다. 기회가 있는 것이다. 은혜의 시간은 영원히 있는 것이 아니다. 기회를 놓치지 마라. 내가 주는 기회는 잡는 자만 가질 수 있다. 잡아라, 마음을 열어야 한다. 이 기회를 놓치면 너희는 스스로 광야의 길로 가야 한다. 아프고 고통스러울 때 나를 만날 것이냐? 이 은혜 속에서 만날 것이냐? 너희가 선택하라. 이 시간을 내가 너에게 주는 것은 선택할 수 있는 마지막 기회를 주는 것이다. 마지막 기회다. 나는 공의의 하나님이다. 나는 심판하는 하나님이고 불꽃 같은 눈으로 너를 보고 있다.

내가 사랑의 하나님이라고 한 없이 너희를 기다리고 있지는 않는다. 내가 너희를 사랑하기 때문에 계속해서 기다려만 주지 않는다. 왜냐하면, 너희가 영원한 존재가 아니기 때문에 내가 너희를 사랑하기 때문에 속히 나를 만나야 한다. 속히 나를 만나야 하는데 광야 길을 돌아서 나를 만나려면 그 많은 시간을 어찌하려느냐? 너만 고생 당하느냐? 아니다. 너희가 그렇게 끔찍이 사랑하는 자녀까지도 함께 광야를 걷지 않느냐? 이스라엘 백성을 상기해 보아라. 생각해 보아라. 그들이 범죄하여서 40년을 죽을 때까지 광야의 길을 걸을 때 자녀들도 함께 걸으며 함께 고통을 당했다. 너희 자녀들도 너 때문에 너희의 그 고집스러운 것 때문에 너희의 그 교만함 때문에 너희의 단단하고 깨지지도 않는 심령 때문에 함께 고난을 당하게 할 것이냐? 함께 그 고통 속에서 아픔과 가난과 고난을 당하게 하려느냐? 나는 원치 않는다. 너희가 고난 속에서 너희 자녀들과 함께 있기를 나는 원치 않는다. 너 하나 돌이키려고 온 가족들이 다 고난과 고통 속에 있는 것을 나는 원치 않는다. 하지만 너를 돌이키려면 그 방법밖에 없기에 그렇게 할 수밖에 없다. 아들아 딸아 제발 지금 돌이켜라. 제발 좀 지금 돌이켜라. 은혜의 강물 안에 있을 때 너의 몸을 씻고 은혜의 물속에 완전히 담그고 나의 생수를 마시기를 내가 고대하고 고대한다. 내가 사랑한다. 내가 너희를 사랑한다.

성경에 일렀으되 오늘 너희가 그의 음성을 듣거든 격노하시게 하던 것 같이 너희 마음을 완고하게 하지 말라 하였으니 _히3:15

17. 타다만 재가 묻은 천국 열쇠

주님 감사합니다. 참새보다 더 작은 그 아기 천사가 내려왔어요. 두 명의 천사가 내 우편과 좌편에 다 내려왔는데 얘네들 얼굴에서 빛이 나요. 저를 보고 환한 얼굴로 이야기를 해요. 저한테 "이 시간이 참 좋지?" 이렇게 얘기를 해요. 네 너무 좋아요. 너무 좋아요. 천사들이 올라갑니다. 금빛 날개를 가진 천사들이 올라가요. 저는 올라가지 않고 천사들이 올라가는 모습을 바라보고 있어요. 제 머리 위로 금빛가루가 계속해서 떨어지는 것이 보여요.

날개짓을 하면서 올라가더니 잠시 후 다시 내려와요. 손바닥보다 좀 더 커다란, 양손에 들 수 있을 만한 아주 작은 금 보석 상자를 가지고 내려왔어요. 보석 상자를 저에게 안겨줬는데 제가 받았어요. 타원형 모양을 가진 상자인데 황금으로 되어있어요. 우리가 백화점에서 파는 보석 상자랑 비슷해요. 황금색이고 가운데 보석 같은 것이 박혀있어요. 천사들이 열어보라고 합니다. 제가 뚜껑을 딱 열었어요. 그런데 그 안이 제가 상상한 것과는 다르게 새까맣게 되어있어요. 마치 나무가 불에 탄 것처럼 새까맣게 되어있고 안에 타다 남은 열쇠가 들어있어요. 금으로 된 열쇠 같은데 불에 타서 군데군데 재가 묻어있는 열쇠가 들어있네요. 제가 생각한 것보다 아름답지 않아 실망한 얼굴로 서 있어요.

제가 하나님께 "이게 뭐예요? 무슨 뜻이에요? 알려주세요." 라고 묻고 있어요. 하나님께서 말씀하십니다. "내가 너희에게 주는 것은 이렇게 아름다운 것이나 심령이 까맣게 타버렸구나. 너희 심령이 이렇게 메말라 있구나, 내가 너희에게 주려고 가지고 내려왔지만 내가 너희에게 준 천국 열쇠가 이렇게 시커멓게 재에 파묻혀 버렸구나. 내가 준 값진 것들이 너희 안에서 이렇게 변질되어 버렸구나. 너희는 내가 준 것들이 이렇게 변질된 것도 모르고 이렇게 재가 묻은 줄도 모르고, 천국의 것들을 소망하고 있다. 누리지 못하는 것이 그것 때문이란다. 내가 너희에게 준 것은 처음부터 이렇게 된 것이 아니라 너희가 변질시켰기 때문이다.

너희 안을 닦아라. 너희의 마음의 안을 닦아라. 겉모습만 거룩한 모습인척하며 살지 말고 너희 마음 안을 닦아라. 안을 정결하게 닦아라. 그 검어졌던 마음들을 깨끗하게 비누칠을 하고 있는 힘을 다해 박박 문질러서 본연의 내가 줬던 황금빛을 발하도록 너희가 만들어라. 때를 벗겨내고 그 안에 재들을 다 쏟아버리고 내가 너희에게 줬던 천국 열쇠를 원래의 모습대로 돌려놓아라. 너희가 해야 한다.

그렇게 할 때에 천국 열쇠가 너희의 보화들을 열어 줄 것이다. 축복의 문을 열어줄 것이다.

너희가 그것들을 다 변질시켰기 때문에 너희 눈에 보이지 않는 축복들을 누리지 못하고 있다.

네가 누리기를 원한다. 너희 손에 소유하길 원한다. 너희가 이제 움직이길 원한다. 행동하고 행동하거라. 움직이거라."

주 여호와의 말씀이니라 네가 잿물로 스스로 씻으며 네가 많은 비누를 쓸지라도 네 죄악이 내 앞에 그대로 있으리니 _렘2:22

우슬초로 나를 정결하게 하소서 내가 정하리이다 나의 죄를 씻어 주소서 내가 눈보다 희리이다 _시51:7

18. 속이 빈 대나무 No, 열매 맺는 포도나무 YES!

또 대나무가 보여요. 대나무가 보이는데 아주 견고하고 이 대나무 통이 그냥 길거리에서 보는 그런 대나무가 아니고요. 대통밥 집에 나오는 그런 대나무 있잖아요. 아주 커다란 그런 대나무 굉장히 굉장히 굵은 대나무가 보여요. 그런 대나무가 쭉쭉 뻗었어요. 쭉쭉 뻗어서 하늘 높이 막 올라가요. 잎사귀도 굉장히 무성하고 싱그러운 대나무가 쭉쭉쭉 올라가요. 그런데 하나님이 이 대나무를 별로 안 좋아하세요. 그래서 제가 그랬어요. "하나님, 이 대나무 너무 좋은데요. 굉장히 푸르르고 우리 조상들도 대나무 같이 대쪽 같아야 한다고 하는데 너무 좋은데요. 오~ 너무너무 좋아요." 그런데 하나님이 대나무를 잘라보래요. 잘랐더니 속이 텅 비었어요. 아무것도 없이 텅 비었어요.

하나님이 대나무를 싫어하신대요. 속이 텅 비었어요. 우린 대쪽 같은 사람 좋아하잖아요. 하나님은 싫대요. 너무나 단단하고 견고해서 자기밖에 모르고 곧고 곧아서 교만이 하늘을 찌른대요. 잎사귀만 무성해서 자기의 겉모습만 치장하는데 치중하는 사람밖에 안 된다고 하세요. 우리는 인간적인 눈으로 볼 때 대나무 참 멋있잖아요. 그런 사람 보면 참 멋있다고 생각하잖아요. 하나님은 그런 사람 너무 싫대요. 속은 완전히 텅 비었대요. 영적으로는 완전히 텅 비었대요. 하나님은 그런 사람 아주 싫어하신대요. 하나님 그럼 어떤 사람 좋아하세요? 어떤 나무를 좋아하세요?

그랬더니 하나님이 포도나무를 좋아하신대요. 사람들은 포도나무를 싫어해요. 가지도 참 별 볼 일 없고 나무도 쭉쭉 뻗지도 못하지만 하나님은 포도나무를 참 좋아하셔요. 포도씨 하나를 통하여 얼마나 수많은 포도가 열리느냐고 하나님 말씀하시네요. 하나님이 많은 과일 중에 포도를 왜 포도주를 좋아하시는지 이제 알겠어요. 왜 예수님께서 첫 기적도 포도주로 하셨고 예수님의 피를 상징하는 것도 포도주잖아요. 수많은 과일 중에 한 알의 씨앗으로 그렇게 많은 열매를 맺는 것은 포도밖에 없대요. 하나의 씨앗으로 수만 개의 씨앗을 만드는 그것이 바로 포도래요. "포도 알갱이 하나하나마다 얼마나 과즙이 많고 알알이 탐스러운 열매를 맺느냐! 너희도 포도나무 같은 사람이 되어라. 가지마다 탐스러운 포도를 만들어내는 포도나무가 되어라. 열매를 맺는 나무가 되어라. 겉모습만 멋지게 쭉쭉 뻗은 대나무가 되는 것이 아니라 너희도 열매가 가지마다 탐스럽게 맺히는 포도나무가 되어라." 하나님 그렇게 말씀하셔요.

하나님은 열매 맺히는 나무를 좋아하셔요. 우리 삶에 열매가 없을 때 하나님이 탄식하신대요. 무화과나무를 보고 저주하셨던 것처럼 하나님이 우리를 보시고 열매가 없을 때 하나님이 탄식하신답니다. 하나님은 열매를 보시기를 원하신대요. 목회자들 가운데 이렇게 열매 없는 자들이 너무 많대요. 목사 딱지만 붙이고 있지 그 삶의 열매가 하나도 없고 잎만 무성해서 자기가 무슨 나무인지도 알지도 못하며 살고 있대요. 하나님이 그렇게 잎만 무성한 나무는 찍어서 불에 던지라고 하십니다. 목사 딱지만 붙이고 있으면서 한 영혼도 구원하지도 못하고 양들을 사랑하지도 못하고 잎사귀만 무성한 자들을 향하여 하나님께서 지금 기회를 주고 있지만 그 영혼을 거두어 갈 때는 부끄러운 구원을 얻을 것이며 부끄러운 구원조차도 얻지 못하는 자는 지옥의 불에 던져진다고 말씀하십니다. 그 한 영혼을 통하여 많은 자들이 살 수도 있지만, 그 한 영혼 때문에 많은 자들이 지옥에 던져지기 때문에 하나님께서 그자를 굉장히 가증히 여기시고 반드시 보응한다고 하십니다. 하나님은 보응하시는 하나님이라고 말씀하십니다. 보복하시는 하나님이라고 말씀하십니다.

멀리서 잎사귀 있는 한 무화과나무를 보시고 혹 그 나무에 무엇이 있을까 하여 가셨더니 가서 보신즉 잎사귀 외에 아무것도 없더라 이는 무화과의 때가 아님이라 _막11:13

베드로가 생각이 나서 여짜오되 랍비여 보소서 저주하신 무화과나무가 말랐나이다 _막11:21

나는 포도나무요 너희는 가지라 그가 내 안에, 내가 그 안에 거하면 사람이 열매를 많이 맺나니 나를 떠나서는 너희가 아무것도 할 수 없음이라 _요15:5

맡겨준 양들을 열매로 맺히지 못하고 그 탐스러운 포도의 즙으로 먹이지 못하고 잎사귀만 무성하게 보여준 자들에게는 하나님께서 반드시 심판하시고 보응하신다고 합니다. 그러나 자기의 온몸으로 하나님의 말씀을 포도나무가 뿌리를 통해서 흡수하고 흡수해서 가지마다 탐스러운 열매를 맺어 그 탐스러운 포도의 즙으로 양들에게 먹이고 하나님의 충성된 종들을 향해서는 하나님이 반드시 상을 주고 천국의 좋은 것들로 준비하여 영원한 그 나라에서 왕노릇 한다고 하십니다. 하나님이 그들을 축복하시는데, 다윗 왕처럼 한 나라를 맡기고 한 고을을 맡긴다고 하십니다. 그들이 천국에 오면 하나님이 예비하신 신발이 수만 켤레고 그들이 천국에 올라오면 그들을 위한 예비한 의복들이 수만 개가 된다고 합니다. 그들이 자기 온몸으로 양들을 보살피고 그들에게 포도즙을 짜서 먹인 자들에게 하나님이 천국의 좋은 보화와 보물들을 아낌없이 그자를 통하여 하나님이 반드시 예비하시고 천국의 큰 집으로 그를 하나님이 인도하신다고 합니다. "목사들이 성도들의 대접을 받아 배부르고 등 따뜻하면 천국에서는 너에게 줄 것이 없구나" 하십니다.

무릇 내게 붙어 있어 열매를 맺지 아니하는 가지는 아버지께서 그것을 제거해 버리시고 무릇 열매를 맺는 가지는 더 열매를 맺게 하려 하여 그것을 깨끗하게 하시느니라 _요15:2

19. 독기 가득한 개고기 먹은 목사들 이야기

하나님이 한 장면을 보여주세요. 어떤 장면이냐면 목사님들이 20명 정도 되는 것 같아요. 모임을 했어요. 20명이 모여서 모임을 하면서 보신탕을 아주 맛있게 먹고 있어요. 개고기를 먹고 있는데요, 개들이 어떤 개들이냐면 엄청나게 독이 가득한 개예요. 독기가 가득한 개를 너무나 맛있게 먹어요. 독기가 가득한 그 개 눈에 독이 가득해요. 침을 질질 흘리고 독기가 가득한 그 개를 얼마나 맛있게 먹는지 몰라요. 그러면서 모임 자리에서 교회에서 있었던 일들을 얘기해요. 우리끼리니까 이런 얘기 해야지 하면서 그 장로가 이렇게 했고 이 안수 집사가 이렇게 했고 성도들의 그 이야기들을 자기들끼리 해요. 목사님들끼리 "그 새끼는 그렇게 한다니까" 막 이렇게 말하면서 거기 그 자리에서 욕을 해요.

그리고 마지막에는 우리 이렇게 헤어지기 아쉬우니까 영화나 한 편 보러 가자고 하기도 하고 우리 골프 치러 가자고 하면서 저기 저 교회 목사 성도가 골프장 열었는데 거기 가자고 우리 가면 다 공짜라고 말해요. 그리고 골프장으로 향하여 가요. 그들이 먹은 그 독기 품은 그 개고기들이 목사님 몸에 다 퍼졌어요. 독들이 다 퍼졌어요. 독기가 가득한 몸이 돼버렸어요. 그 목사님들의 눈에는 독기가 가득해요. 뭐든지 착취하려고 하고 뭐든지 쟁탈하려고 하고 뭐든지 빼앗으려고 하는 그런 사람의 눈이 되어버렸어요. 그들의 뒷모습이

술 취한 사람들이 2차 3차 가는 그런 뒷모습으로 보여요. 하늘에서 말씀하시기를 "이 자들이 내가 세운 제단에서 양들에게 내 말을 전한다고 그 입을 벌려 강단에서 쏟아내는구나. 독기가 가득한 눈으로 독이 가득한 입으로, 강단에서 쏟아내는구나." 오 주여, 주여.

그들이 이쑤시개로 이를 쑤시는데도 마치 이스라엘 백성들이 그 이 사이에 있는 고기를 보고 하나님이 심판하신 것처럼 그 이 사이 사이에 개고기 찌꺼기들이 끼어 있어요. 그들이 이쑤시개를 빼내려고 하는데 빠지지 않아 이 사이 사이에서 그 개고기 비린내들이 입에서 풍겨요. 독이 가득한 그 개고기 썩은 냄새가 입을 벌릴 때마다 나와요. 그 독이 가득한 입을 벌릴 때마다 독기가 나오니까 집에 가서 사모한테도 욕을 해대고 애들한테도 욕을 해대 독이 뿜어져 나와서 가족들을 다 질식을 시켜요. 냄새가 온 집 안에 가득해요. 또 심방을 다니면서 그 성도의 집에서 그 독기를 뿜어내니까 그 성도의 집에도 완전히 독으로 연기가 가득한 집이 되어버렸어요.

자기만 먹는 이스라엘 목자들은 화 있을진저 목자들이 양 떼를 먹이는 것이 마땅하지 아니하냐 너희가 살진 양을 잡아 그 기름을 먹으며 그 털을 입되 양 떼는 먹이지 아니하는도다 _겔34:2-4

교회가 커요. 적어도 어림잡아도 500명은 넘을 것 같은 큰 교회인데 그 목사님이 주일날 강단에서 설교하니까 온 교회에 독이 퍼져 나와요. 설교하는데도 그 교회에 독이 가득하고 연기가 자욱해요. 담배 연기가 가득한 방 같이 돼서 사람들이 다 콜록콜록 그러다가 질식을 해요. 완전히 그 독에 다 감염이 돼버렸어요. 하나님이 말씀하시기를 "한 목자가 타락하면 얼마나 많은 양들이 타락하는지 아느냐? 한 목자가 아무거나 먹고 아무 행동이나 하면 얼마나 많은 양들이 죽어가는 줄 아느냐? 가려서 먹고 가려서 해야 한다. 왜 내가 포도주도 먹지 말고 포도밭도 밟지 말라고 했는지 너희는 모르느냐?

성결하고 성결하기를 내가 부탁한다. 아무거나 먹지 마라. 내 몸을 더럽히지 말아라. 해외여행을 간다고 해서 거기에서도 아무거나 먹고 사원도 유명한 관광지니까 덥석덥석 가서 거기를 밟고 세계 유명한 곳이라고 그곳에 가서 향도 피워보고 하느냐? 너희들의 무심코 하는 행동들이 얼마나 너의 영혼들을 더럽히고 너의 영혼을 지배하고 너의 영혼 속에 들어와서 빠져나가지 않으려고 하는지 아느냐? 너희는 행동 하나 말 하나하나 먹는 거 하나하나 가려서 먹고, 가려서 보고, 가려서 듣고, 가려서 너희가 행동하고 가려서 가거라.

옷도 아무 옷이나 입지 마라. 돈을 아낀다고 중고 매장에 가서 아무 옷이나 사서 입지 마라. 어떤 사람이 그 옷을 입었는지 아느냐? 너희는 돈을 주더라도 새 옷을 입어라. 아무거나 입지 마라. 내가 너희에게 주는 것은 정결한 것이고 깨끗한 것인데 너희 육신을 아무렇게나 취급하지 말아라. 너희 안을 닦으라고 내가 당부했지. 너희 심령을 닦으라는 소리다.

또한, 너희 육신의 안도 중요하다. 무엇을 먹느냐가 너의 영혼을 지배한다. 또한, 너희 바깥도 중요하다. 너희가 무엇을 입는지, 너희가 어디를 가는지 그것이 너무나 중요하다. 행동 하나하나가 너의 영안을 흐리게 하고 의식하여 너의 귀를, 너의 영적인 귀를 닫히게 한단다. 아무 곳이나 가지 말고 아무 곳이나 보지 마라. 삼가서 보고 삼가서 행동하고 삼가서 들어라. 영적 분별력을 가져라.

오늘날 이 시대에는 영적으로 분별하는 자들이 없다. 그 분별하는 것 자체가 가치가 없다고 여겨지는 시대다. 아무거나 많이 봐야 다다익선이라고 생각한다. 모든 것을 가지고 있어야 훌륭한 사람이라고 안단다. 불교 지식도 좀 알아야지. 무당에 대해서도 좀 더 알아야지. 악한 것도 좀 알아야지. 설교도 좀 하고 비유도 좀 하고 가르칠 수도 있지… 하면서 오히려 그곳에 가는구나. 너희는 어찌하여 스스로 더럽히느냐? 스스로 더러운 곳을 찾아가느냐? 내가 준 말씀만으로도 충분히 능력을 나타낼 수 있고, 시간이 부족한데 왜 그런 악한 것을 굳이 보거나 들으려고 하느냐?

스스로 더러운 곳을 가지 마라. 너희가 깨끗하길 원한다. 성결하길 원한다. 순결한 신부같이 되길 원한다. 행동을 삼가라. 영적 분별력을 가져라. 이 시대에 정보의 홍수 속에 있는 너희가 가져야 할 것은 영적 분별함이다. 영적 순결함이다. 어렸을 때 더러운 곳에서부터 순교자의 정신으로 너희의 것을 지키고 지켜라, 믿음을 가지고 성결하게 지켜라. 내가 성결한 자를 이 시대에 찾는다. 성결하고 깨끗한 자. 더러운 것을 더럽다고 고백할 수 있는 자. 나쁜 것을 향하여 가지 않는 자, 내가 그런 자를 찾고 찾는다.

그러므로 형제들아 내가 하나님의 모든 자비하심으로 너희를 권하노니 너희 몸을 하나님이 기뻐하시는 거룩한 산 제물로 드리라 이는 너희가 드릴 영적 예배니라 _롬12:1

20. 어느 사모의 댄스 학원 전도

사모들을 향하여도 말씀하십시오. 사모님들은 목사님보다는 좀 더 자유하다고 보험회사에 다닌답니다. 직장에 가서도 전도한답시고 사람들을 많이 만나야 전도도 한다고 사모들이 세상 밖으로 나갑니다. 어떤 사모 한 명을 보여주는데 학원에 다녀요. 이런 것도 좀 알아야 한다고 댄스 학원에 다녀요. 문화센터를 다니고 댄스 학원에 다니는데 거기서 댄스를 하면서 어떤 남자와 눈이 마주쳤어요. 눈이 맞아버렸어요. 끝나고 나서 모텔로 향해요. 그러면서 교회 나오라고 전도를 해요. 그리고 댄스 학원 다니면서 정말 전도를 많이 했어요. 댄스 회원들이 다 교회를 나와요. 그러면서 교회 안에서 예배가 끝나고 나니까 그 사람들이 다 나와 댄스를 해요.

교회 강단에서 춤을 춰요. 하나님이 고개를 돌리고 계세요. 그 교회를 향하여는 고개를 돌리고 계세요. 시대는 이렇게 변질되어 간대요. 교회의 강단이 무대가 돼버리고 무희들이 노래하고 춤춘대요. 자기 남편이 아닌 다른 남자와 잔 여자들이 그 위에서 춤을 추고 노래를 하고 그것들을 보고 기뻐하고 박수를 친대요. 더럽고 더러워 더럽다고 말씀하세요. 더러워서 볼 수가 없다.

간음한 여인들아 세상과 벗된 것이 하나님과 원수 됨을 알지 못하느냐 그런즉 누구든지 세상과 벗이 되고자 하는 자는 스스로 하나님과 원수 되는 것이니라 _약4:4

오직 너희를 부르신 거룩한 이처럼 너희도 모든 행실에 거룩한 자가 되라 _벧전1:15

21. 맨 뒤에서 선글라스 끼고 울고 있는 사모

교회에서 결혼식이 있는데, 이 부부는 둘 다 중년이에요. 둘 다 이혼을 하고 새롭게 재혼을 하는데, 교회에서 박수를 치고 축복을 해요. 이들의 자녀들은 교회 밖에서 이를 갈고 있어요. 우리 엄마한테 그렇게 했지?! 두고봐라! 우리 아빠한테 그렇게 했지?! 두고봐라! 하면서 이를 갈고 있어요. 그런데 교회 목사님은 주례하면서 축복을 해줘요. '하나님이 너무나 마음이 아프시다고 합니다.' 그 목사님이 얘기해요 내가 오늘 신랑 첫 번째 결혼식 때 주례했는데 두 번째 결혼까지 주례하게 돼서 너무나 기쁘다면서, 이제는 더 행복하게 살 거라고 말합니다. '하나님께서 너무나 가슴이 아프시답니다.' 교회가 더럽고 타락해서 볼 수가 없대요. 작은 교회는 작은 교회대로 더럽고, 큰 교회는 큰 교회대로 더러워서 볼 수가 없대요.

시궁창 같은 교회들이 가득하고, 음란이 얼마나 만연한지 모른다고 하십니다. 종교개혁이 일어나기 전 그 더러웠던 중세 시대 때 타락한 성직자들처럼 하나님이 눈 뜨고 볼 수가 없다고 하십니다. 어떤 목사님은 사모를 방에다 가둬놓고 두들겨 패는데 얼굴에 주먹질하고 온몸에 멍이들게 해 놓고 나가 버려요. 그 날이 주일인지 설교를 하는데 입에는 온갖 좋은 말들을 다 쏟아내고 뒤에서 사모님은 선글라스를 끼고 울고 있어요. 온몸이 아파서 움직일 수가 없어요. "사모님, 왜 선글라스를 끼고 계세요?" 성도들이 물으니까 쌍꺼

풀 수술했다고 얘기를 해요. 하나님이 너무 마음이 아프시대요. 삯꾼 목자, 폭군 목자들이 너무 많대요.

"내가 그들을 반드시 보응하리라. 내가 반드시 반드시 보응하리라."

이스라엘의 하나님 여호와가 이르노니 나는 이혼하는 것과 옷으로 학대를 가리는 자를 미워하노라 만군의 여호와의 말이니라 그러므로 너희 심령을 삼가 지켜 거짓을 행하지 말지니라 _말2:16

22. 너희는 닭이 아니고 독수리야

아주 높은 소나무 위에 황새가 있어요. 그 뾰족뾰족한 소나무 위에 황새가 있어요. 그 높은 소나무 위, 둥지에 알을 낳고 황새가 그 위에 있어요. 왜 뾰족뾰족한 소나무 위에서 알을 낳는지 아느냐 물으셔요. "하나님, 몰라요. 가르쳐 주세요." 하나님께서 말씀하세요. 어떤 새도 바닥에다가 알을 낳지 않는대요. 왜냐하면 새는 하늘을 날기 때문이래요. 새가 알을 낳지만, 새끼는 부화하자마자 날지 못하잖아요. 그런데도, 어미는 높은 나뭇가지에다가 알을 낳는대요. 왜냐면, '너는 새야, 너는 위에 익숙해야 해.' '너는 하늘 꼭대기가 익숙해야 해'. 그래서 새는 높은 곳에 알을 낳는대요. 그렇구나….

독수리도 높은 곳에다가 알을 낳고, 높은 하늘을 날아다니는 새들은 다 높은 곳에다 알을 낳는대요. 그러나 닭이나 오리나 땅을 밟고 사는 새들은 바닥에 알을 낳고, 어렸을 때부터 땅에 익숙해서 땅에 고개를 처박고 살기 때문이래요. 하나님이 말씀하세요. 우리도 하나님이 이렇게 높은 곳에서 태어나게 했대요. 우리를 높은 곳에 태어나게 했는데도 우리는 여전히 닭처럼 살아간대요. 땅의 것을 바라보며 살고 있어서 위의 것을 누리지 못한대요. 하나님이 안타깝다고 말씀하십니다. 너희는 닭이 아니야 독수리야. 나의 사랑스러운 독수리인데 어찌하여 닭처럼 살아가고 있느냐? 내가, 푸른 창공에 날으라고 푸른 창공을 날아다니며 온 하늘을 지배하라고 너에게 그 힘찬 날개를 주고 힘차게 날아오를 수 있는 힘을 주었는데도 너는 여전히 닭처럼 바닥에, 땅에 고개를 처박고 있구나. 하늘을 날아라. 내가 너희를 하늘에 낳게 했는데 하늘 위에서 내가 너희를 낳았는데 날아올라라. 하나님이 말씀하세요. "주님 감사합니다."

오직 여호와를 앙망하는 자는 새 힘을 얻으리니 독수리가 날개 치며 올라 감 같을 것이요 달음박질하여도 곤비하지 아니하겠고 걸어가도 피곤하지 아니하리로다 _사40:31

23. 날마다 봄날, 날마다 행복한 나라, 날마다 사모하라

나의 아들과 딸들아. 너희도 이 봄날이 참 좋지 않으냐? 따뜻하고 아름답고 예쁘고 온갖 꽃들이 피고 너희들이 이 봄날을 기뻐하듯이 내 나라는 날마다 봄날이란다. 날마다 따뜻하고 아름답단다. 너희들 꽃을 보면 기분이 좋지? 내 나라는 날마다 향기롭고 날마다 아름답고 날마다 행복한 곳이란다. 내가 너희들이 올 날을 기다리고 있단다. 너희들이 내 품에 안길 것을 기대하고 있단다. 너희들이 이 땅에서 눈물 흘리고 가슴 아파하고 마음대로 되지 않고 뜻대로 되지 않아서 빨리빨리 천국 가고 싶다고 불평할 때 내가 데리고 오고 싶은 생각도 있지만 그렇게 할 수 없는 것은 너희가 집이 없어. 집이 없이 나와 영원히 살면 안 되지 않겠니? 너희들에게 이 시간을 주고 너희에게 기회를 주는 것은 내가 너희에게 예비할 수 있는 시간을 주는 것이다. 시간을 아껴 사용해라. 이 땅의 것도 쌓으려고 열심히 일하고 열심히 저축하고 보험도 들고 증권도 하고 주식도 하고 세상 사람들이 얼마나 열심히 보화를 쌓느냐? 너희도 쌓아라. 천국에 쌓아라. 날마다 열심히 쌓아야 너희가 살 집이 있고 영원히 누릴 천국의 보화를 누릴 것이다.

위의 것을 생각하고 땅의 것을 생각하지 말라 _골3:2

내 사랑하는 자들아. 천국을 소망해라. 천국은 침노하는 자의 것이라고 듣지 않았느냐? 사모하고 욕심을 내어라. 날마다 그려보아라. 너희가 상상하는 것보다 더 크고 아름다운 그곳을 날마다 상상하고 날마다 사모해라. 너희 마음에 천국을 두어라. 너희 마음 중심에 천국을 두어라. 너희의 마음속에 천국이 있을 때 너희가 영의 사람이 되기 시작한단다. 너희가 세상의 것으로 가득하면 너희는 육의 사람이고 영의 사람이 될 수가 없단다. 영적인 것을 사모하지도 않는단다. 너희가 영적인 것을 사모하고 천국에 소망을 둘 때 너희는 영적인 눈을 뜨게 되고 영의 귀가 열리고 내 음성을 더 세밀하게 들을 수 있단다.

나는 너희가 내 음성을 듣길 원한다. 내가 하는 말이 들리지 않는다고 원망하지 말고 너의 귀가 열리도록 너의 마음에 천국을 두어라. 내 딸은 천국을 마음에 둔 자다. 수많은 고난과 역경 가운데서 그가 지금까지도 내 딸로 아름답게 꿋꿋하게 견디고, 견뎌온 이유는 누구보다도 마음에 천국이 가득하기 때문이다. 시골에서 모진 고통 당하고 말로 다 할 수 없이 그 흘린 눈물을 생각하면 어느 누구도 겪을 수 없는 그 고난을 겪으면서 지금까지 지내온 것은 누구보다도 천국을 소망함이 너무나 컸기 때문이다. 그렇기 때문에 어떤 것도 부럽지 않고, 어떤 것도 소망하는 것이 없다. 그저 내 나라를 상상하고 그려보고 날마다 그 즐거움에 빠져사는 내 딸처럼 너희도 천국에 소망을 두고 날마다 기쁘고 행복하게 살기 원한다. 어떤 곳일지 상상이 되지 않느냐? 그래서 지금부터 내가 이 자의 입을 통해 너희가 상상할 수 있을 정도로 내가 보여줄 것이다. 너희가 상상해 보아라. 인간의 입으로 다 설명할 수 없지만, 눈이 열리고 귀가 열려 다 듣고 다 보아라. 내가 아낌없이 보여주리라. 이 자가 천국을 너무너무 소망하는구나. "보면 볼수록 더 좋아요. 하나님 더 보고 싶어요. 날마다 소망하기에 내가 보는 거예요." 보여주는 것에 즐거움을 느끼고 있단다. 또 보여줄게. 내가 날마다 날마다 보여주고 싶단다. 너희도 이렇게 소망해라. '나도 보고 싶어요. 나도 보여주세요.' 그렇게 소원하고 소망해 보아라. 내가 이렇게 보여주는 것을 즐거워하면서 볼 때 나도 너무나 기쁘고 행복하단다. 내 사랑하는 자들아. 내가 너무나 사랑하는 내 아들과 딸아. 부모가 자녀에게 무엇을 아끼겠느냐? 자기 입에 들어가는 것이 아까워서 자녀에게 다 주는 것이 부모이지 않느냐? 나도 마찬가지다. 내가 너희에게 무엇을 아끼겠느냐. 다 보여주고 다 들려주고 싶은데 너의 귀가 가려졌고, 너의 눈이 가려져서 들을 수 없고 볼 수 없기에 내가 한 사람을 택하고 특별히 뽑아서 보여주는 것이다. 다 보여줄 수 없는 것이… 내 마음이 너무나 안타깝구나. 더 많이 회개의 영을 달라고 기도하고 너희 마음의 심령이 깨끗하기를 기도하라. 심령이 깨끗하고 그 마음에 악한 것이 없는 자에게 내가 천국을 열어준다는 것을 너희도 알고 있지 않느냐? 마음이 깨끗하고 청결한 자는 천국을 볼 것이라고 말하지 않았느냐? 너희 마음을 정결하게 하고 날마다 회개의 영을 달라고 기도하고 마음의 안과 밖을 다 닦아서 너희 마음에 천국의 보화가 가득가득 넘치게 하도록 하기를 원한다.

마음이 청결한 자는 복이 있나니 그들이 하나님을 볼 것임이요 화평하게 하는 자는 복이 있나니 그들이 하나님의 아들이라 일컬음을 받을 것임이요 _마5:8-9

내 아버지 집에 거할 곳이 많도다 그렇지 않으면 너희에게 일렀으리라 내가 너희를 위하여 거처를 예비하러 가노니 가서 너희를 위하여 거처를 예비하면 내가 다시 와서 너희를 내게로 영접하여 나 있는 곳에 너희도 있게 하리라 _요14:2-3

24. 보이지 않는 연기가 먼저 만들어지는 천국의 기차

아주 아주 짙은 초록색이 보이는데 그 짙은 초록색이 뭐냐 하면 나무로 만든 초록색 기차 같은 것이 눈에 보여요. 초록색 기차가 이렇게 보이는데 그 기차 굴뚝 같은 곳에서 연기가 피어올라요. 동그란 도넛 모양처럼 연기가 피어올라요. 초록색 기차가 완성된 모습이 아니고 그냥 ㄴ자 모양의 블록 하나만 보였는데 자꾸자꾸 하나씩 하나씩 이렇게 만들어져 가는 모습이 보여요. 마치 아이들이 블록 놀이를 갖고 노는 것처럼 그 짙은 초록색 ㄴ자 모양의 블록에 바퀴도 생기고 까만색 바퀴가 하나, 둘, 셋, 넷, 이렇게 계속해서 바퀴가 생기고 연기가 계속 피어올라요. 창문도 생겼어요. 기차가 완성되지도 않았는데 연기는 계속해서 피어오르는 모습이 보여요. 그리고 그 뒤로 계속 블럭이 연결이 되네요. 노란색 블록이 연결됐고 그 뒤로 파란색 블록이 연결됐고 그러더니 제가 지금 말하는 순간에 어느새 기차가 끝도 안 보이게 갑자기 길어졌어요. 굉장히 길어진 블록이 보여요. 연기는 처음 본 것처럼 계속해서 피어오르는 것이 보여요.

제가 하나님, 이게 무슨 무슨 뜻인가요? 무엇인가요? 그렇게 물어보기 시작하니까 마치 우리 아들만 한 그 꼬마 아이가 거기 앉아서 그 블록을 가지고 기차놀이를 하는 것을 보여줘요. 그런데 그 아이가 옷을 다 벗고 있어요. 구름 위에서 기차놀이를 하고 있어요.

머리는 금발 머리고요. 피부도 하얀 게 백인 같아요. 그런데 그런 아이가 거기 구름 위에서 기차를 가지고 놀고 있는 모습을 보여주시네요. 기차를 끌고 다니면서 앉아서 이렇게 끌면서 놀고 있어요.

하나님 이게 무슨 뜻이에요? 무엇을 의미하나요? 제가 묻기 시작해요. 하나님 말씀하시기를, 우리는 인간 세상에서는 건물을 짓든 무엇을 만들든지 간에 기초를 만들잖아요. 만약에 기차를 만들기 시작하면 몸체를 만들고 바퀴를 만들고 하잖아요. 그런데 천국은 그렇지 않대요. 천국은 맨 처음에 물체를 먼저 만드는 것이 아니라 원래 보이지 않는 연기부터 만들어지는 거래요. 아까 초록색 짙은 것이 먼저 보였다고 했는데 보이면서 동시에 그 연기가 보였거든요. 그러니까 보이지 않는 믿음이 보이지 않는 것의 실상이라고 하셨잖아요.

믿음은 바라는 것들의 실상이요 보이지 않는 것들의 증거니 _히11:1

그게 이것을 뜻한다고 말씀하세요. 하나님의 나라는 보이지 않는 것부터 시작하는 거예요. 우리는 보이는 것부터 시작해야 시작이 되는 거잖아요. 그런데 하나님의 나라는 이미 시작한다고 하면 벌써 연기가 피어올라요. 그 기차가 벌써 출발을 하고 있는 거예요. 그것을 가르쳐 주십니다. 너희가 이 땅에서 무엇을 하든지 그것은 벌써 움직이기 시작했단다. 천국에서 벌써 움직여지고 앞서서 하나님께서 만들고 가신다는 것을 보여주십니다. 우리가 무엇을 하든지 그것은 벌써 하나님께서는 그것을 결과물로 만들어서 연기가 피어오르게 시작하셨다는 거예요. 우리가 손으로 하는 무엇이든지 간에 하나님은 벌써 결과물까지 다 보고 기차가 출발해서 저 멀리 갈 때 피어오르는 연기까지 나타나는 것처럼 우리가 하는 모든 것들을 하나님이 벌써 예비하시고 미래를 준비하시고 함께 동행하신다고 말씀하십니다.

이는 우리가 믿음으로 행하고 보는 것으로 행하지 아니함이로라
_고후5:7

25. 천국에서의 영광과 환희

제가 그 연기를 타고 올라가요. 그 도넛 같은 연기를 타고 올라가요. 그렇군요 하나님, 그래서 하나님이 믿음은 보이지 않는 것의 실상이라고 하셨군요. 잡힐 수도 없고 잡을 수도 없는 연기 같은 것인데도 불구하고 하나님은 벌써 그것을 다 완성하신 것을 우리에게 보여준 것입니다. 그래도 보이지 않는 것이지만 하나님은 다 예비하셨다는 것을 우리에게 가르쳐 주시고 계신다고 말씀하셔요. 계속해서 올라가요. 연기를 타고 올라가는데 저 멀리 위에서 금으로 된 문이 하나 보여요. 사각형의 문인데 천장에 문이 달린 것처럼 보여요. 문손잡이는 없고요, 금으로 된 사각형의 문이 보여요. 제가 거기 문에 이르니까 그 문이 이렇게 마치 창고 문이 열리듯이 위에서 활짝 열리기 시작했어요. 제가 그 위로 다시 올라갑니다. 순간 갑자기 깜깜한 세상이 됐다가 다시 환해졌어요.

제가 아주 세찬 바람에 이끌려서 몸이 흔들려요. 마치 로켓을 탈 때 모든 몸이 흔들리듯이 세찬 바람에 몸이 흔들리고 원래 살이 다 떨어져요. 제 육신이 다 떨어져 나가요. 이 피부가 다 떨어져 나가고 뼈가 다 녹아버리고 없어졌어요. 제 육체가 가루가 돼버렸어요. 아무것도 없어요. 아무것도 안 남았어요. 머리카락도 없어요. 제 육체는 가루가 돼서 다 떨어져 나가 버렸어요. 완전히 다 흙이 돼버렸어요. 그런데 제가 있어요. 모든 것이 다 떨어져 나가버리고 다 없어져 버렸는데 제가 있어요. 마치 제가 공기의 일부분이 돼서 떠다니는 것 같은 느낌이 들어요. 저의 영혼만 올라가는 거라고 말씀하십니다.

완전히 육체는 아무것도 남지 않고 다 없어져 버리고 저는 지금 공기처럼 이렇게 완전히 달나라에서 떠 있는 것처럼 그냥 무중력 상태에 떠 있는 그런 느낌이 들어요. 그런데 제 몸이 있어요. 몸이 있는데 제 몸은 제가 육체가 있었을 때 몸이 아니에요. 공기 일부분이 됐어요. 몸이 공기가 되어서 연기가 되어서 누가 나를 만지려고 해도 만질 수가 없고 손가락을 넣어도 손가락이 제 몸을 통과해버려요. 제 몸을 제가 볼 수가 있는데 머리는 완전히 금빛이고 눈은 불꽃같고요. 손가락은 완전 다 황금빛이에요. 손톱도 황금빛이에요. 그러니까 몸이 연기 같지만, 빛이 나요. 백열등의 노란색 빛처럼 그런 빛이 몸에서 광채가 나요. 제가 하얀색 세마포 옷을 입었는데 소매가 긴 손목까지 내려오는 하얀색 세마포를 입었어요. 아무 무늬도 없고 아무 장식도 되어 있지 않은 그냥 하얀색 세마포를 입었는데 이 세마포가 발목까지 내려와요.

그에게 빛나고 깨끗한 세마포 옷을 입도록 허락하셨으니 이 세마포 옷은 성도들의 옳은 행실이로다 하더라 _계19:8

그런 옷을 입고 제가 계속 떠서 올라가고 또 올라가고 올라갑니다. 한참 올라가다 보니까 계단이 보여요. 구름으로 된 계단인데 그 구름으로 된 계단을 제가 밟고 올라가요. 구름을 밟고 한 발 한 발 올라가요. 계단이 아주아주 높아요. 계단을 밟고 올라가는데 하나도 힘이 안 들어요. 그냥 아무 느낌도 안 들고 굉장히 평온한 마음이 들면서 그 계단을 밟을 때 마치 피아노 건반이 소리를 내는 것 같은 그런 느낌이 들면서 마음이 점점 둥둥 더 높은 곳을 향해 떠가는 느낌이 계속 듭니다.

그러더니 제 머리 위로 꽃가루 같은 게 흩날려요. 벚꽃나무에서 벚꽃이 이렇게 떨어지는 그런 것처럼 꽃잎들이 떨어지는 게 느껴져요. 그래서 제가 하늘을 올려다봤더니 그런 꽃잎 같은 것이 계속 떨어져요. 수천 개, 수만 개가 막 떨어지는데 자세히 보니까 꽃잎이 아니고요. 다이아몬드 같은 게 떨어져요. 꽃잎이 처음에는 너무나 가볍게 떨어져서 꽃잎인 줄 알았거든요. 다이아몬드가 떨어지면 우박같이 떨어질 거잖아요. 그런데 이 꽃잎이 떨어진다는 느낌이 들었던 게 왜 그러냐면 아주 가볍고 아주 부드러운 느낌이었기 때문에 제가 그렇게 느꼈는데 그런 느낌이 드는 다이아몬드가 떨어져요. 하늘에서 마치 눈이 내리듯이 다이아몬드가 흩날리면서 떨어져요. 제가 손바닥으로 받았어요. 그 다이아몬드가 얼마나 반짝반짝 하는지요. 정말 너무너무 반짝거려요. 우리가 볼 때 다이아몬드 몇 캐럿 몇 캐럿 하잖아요. 그런데 캐럿이 필요 없을 정도로 광채가 너무나 빛나요. 제 얼굴이 수만 개가 보여요. 그 다이아몬드에 비치니까 만약에 이게 세상에 있다면 엄청나게 비싼 다이아몬드일 것 같아요. 너무너무 눈부시게 반짝이고 너무나 아름다워요.

> 하나님의 영광이 있어 그 성의 빛이 지극히 귀한 보석 같고 벽옥과 수정 같이 맑더라 _계21:11

그런 게 계속해서 눈송이처럼 하늘에서 흩날리면서 떨어져요. 제가 그게 너무너무 좋아서 두 팔을 벌리고 그것을 받으면서 춤을 춰요. 너무나 기분이 좋아요. 벚꽃나무 아래에서도 이렇게 꽃을 맞을 때 기분이 좋잖아요. 그런데 이 다이아몬드를 맞는 기분은 너무너무 황홀해요. 손바닥에 떨어지는 느낌이 마치 눈송이가 떨어지는 느낌처럼 아주 부드러워요. 다이아몬드가 떨어질 때 아픈 게 아니고 꽃잎이 떨어지는 것처럼 아주 부드러워요. 하늘에서 면류관이 제 머리에 씌워지기 시작해요. 어떤 면류관이냐면 우리가 미스코리아 진선미 이렇게 하면 진에게 씌워주는 그런 면류관 있잖아요. 다이아몬드로 만들어진 그런 면류관이에요. 그런데요 이거는 천국에서 가장 가벼운 면류관이래요. 다이아몬드로 만든 것 중에서 가장 가벼운 왕관이래요. 오늘은 잠깐 이렇게 가벼운 면류관으로 하나님이 맛보게 해주신다면서 제 머리에 씌워주셨어요. 굉장히 아름다워요. 얼마나 아름다우냐면 미스코리아 진들이 쓰는 그런 모양이에요. 통 다이아몬드가 아니고 하나하나 큐빅같이 박혀 있는 그런 다이아몬드로 된 면류관을 제 머리에 씌워주셨어요.

> 내가 속히 오리니 네가 가진 것을 굳게 잡아 아무도 네 면류관을 빼앗지 못하게 하라 _계3:11

그리고 천사들이 내려오기 시작하네요. 아기 천사들이 내려오기 시작해요. 내려오면서 하얀 면사포 같은 거를 들고 왔어요. 그러더니 금박이 박힌 무언가를 제 어깨에다가 해주면서 면사포 같은 거를 뒤에다가 달아주었어요. 또 다른 천사들이 와요. 귀걸이도 달아주어요. 그냥 하얗던 세마포를 장식을 해주기 시작하네요. 갖은 보석을 가지고 그 보석들을 박기 시작해요. 저는 그냥 서 있다가 천사들이 달아주기 시작하니까 손을 위로 올렸다가 옆으로 했다가 마치 임금님들이 대관식을 준비할 때 그 시종들이 옷을 입혀주는 것처럼…천사들이 와서 달아주기를 계속해요. 한 천사는 제 머리를 만져주기 시작하였는데 머리를 아주 예쁘게 올려줬어요. 또 한 명의 천사는 다이아몬드로 만들어진 목걸이를 가지고 왔는데 엄청나게 눈이 부셔요.

이 다이아몬드로 된 목걸이가 너무나 아름다워요. 얼마나 아름다웠냐면 부채꼴 모양으로 된 목걸이인데 너무너무 눈부셔요. 그 목걸이가 제 목에 딱 걸리니까 목이 빛나기 시작해요. 너무너무 예뻐요. 너무너무 아름답고 갑자기 제 모습이 온통 다 찬란한 빛이 돼 버렸어요. 제 몸 자체에서 광채가 난다고 했잖아요. 그런데 이 보석이 그 광채를 받아서 완전히 찬란한 별이 돼 버렸어요. 얼마나 얼마나 아름다운지 완전히 반짝반짝 빛나는 별이 돼 버렸어요. 그런데 그렇게 많은 보석이 제 몸에 붙었는데도 하나도 무겁지가 않아요. 얼마나 가볍고 얼마나 기분이 좋은지 그때 빛나는 옷을 입고 제가 너무 기분이 좋아서 빙글빙글 돌면서 춤을 췄어요. 그랬더니 아기 천사와 그 천사들이 박수를 치면서 같이 함께 춤을 췄어요. 같이 춤을 춰요.

내 영혼아 여호와를 송축하라 여호와 나의 하나님이여 주는 심히 위대하시며 존귀와 권위로 옷 입으셨나이다 주께서 옷을 입음 같이 빛을 입으시며 하늘을 휘장 같이 치시며 _시104:1-2

26. 새까만 내 발을 씻어주시는 예수님

한참을 걸어가는 데 발판 같은 게 보였어요. 우리가 욕실에 가면 발 닦는 발판이 있잖아요. 그런 발판 같은 게 하나 놓여 있어요. 호랑이가 자세를 낮춰요. 내리라는 신호인 것 같아서 제가 내렸어요. 제가 그 발판 위에 올라가려고 하니까 그 발판에 발을 문지르래요. 그래서 제가 발을 발판에 문질렀어요. 발판이 어떻게 생겼냐면 우리가 그냥 욕실에서 보는 그런 발판 같아요. 무늬는 동글동글한 타원형으로 된 발판인데 제가 발판에 발을 문질러 닦았어요. 그랬더니 발이 시커먼 숯검댕이처럼 까매요. 몰랐어요. 발이 이렇게 새까만 줄 몰랐어요. 그래서 발을 계속 문지르니까 계속해서 더 새까매져요. 계속해서 새까만 것이 묻어요. 그래서 제가 "어머나 내 발이 이렇게 더럽나?, 내 발이 이렇게 더러운가?" 하면서 계속 발을 닦으니 그 발판이 새까매졌어요. 완전히 까매졌어요. 그래서 제가 그 발판에 그만 주저앉고 말았어요. '어머나 내가 발이 왜 이렇게 새까맣지? 왜 이렇게 발이 새까맣지?' 하면서 주저앉아서 울었어요. 음성이 들려요.

예수님께서 왜 제자들의 발을 닦아줬는지 아느냐고 말씀하세요. 하나님 말씀하시기를 우리가 밟고 다니는 곳이 이 땅이잖아요. 이 땅 자체에 있는 것이, 우리는 죄악에 있는 것이래요. 예수님께서 발을 왜 닦아주셨냐면 우리가 이 땅을 밟고 있기 때문에 죄악 가운데 있을 수밖에 없어서, 이 땅에 있는 사람들은 다 죄악이 가득할 수밖에 없어서 발이 더러울 수밖에 없대요. 왜냐하면 우리는 땅을 밟고 살거든요. 땅을 밟고 살지 않는 사람이 없어요. 그래서 제 발이 이렇게 까맣다고 말씀하셔요. 제가 주저앉아서 "하나님! 그러면 어떻게 해야 돼요?"

물었더니 황금으로 된 세숫대야가 나타났어요. 우리 시골에 가면 할아버지들이 쓰는 쇠로 된 세숫대야 모양이에요. 그 황금으로 된 세숫대야에 정말 너무나 깨끗한 물이 내려왔어요. 그 세숫대야에 제가 발을 담그고 가만히 제 손을 닦으려고 하니까, 어디선가 예수님께서 나오셔서, 수건을 허리에 두르시고 아무 말도 안 하시고, 제 발을 닦아주세요. 제 발을 손바닥에 놓으시고 그 물에 가만히 넣으시더니 발가락 사이사이까지 너무나 깨끗하게 예수님의 손이 제 발을 만지니 몸 둘 바를 모르겠어요. 한쪽 발을 다 닦으시더니 무릎 위에 제 발을 올려놓으시고 눈부시게 하얀 수건으로 제 발의 물기를 다 닦아주세요. 그러시더니 제 발에 뽀뽀하셔요. 아주아주 흐뭇한 미소를 지으시며 저를 올려다보세요. 제가 예수님과 눈이 마주치자 예수님을 보니까 몸 둘 바를 모르겠어요. 어떻게 해야 할지 모르겠어요. 저를 올려다보시더니 "이제 다 됐구나. 다 됐구나." 하시면서 제게 손을 내밀어서 저를 일으켜 주세요.

내가 주와 또는 선생이 되어 너희 발을 씻었으니 너희도 서로 발을 씻어 주는 것이 옳으니라 내가 너희에게 행한 것같이 너희도 행하게 하려 하여

본을 보였노라 _요13:14-15

그러더니 제 손을 이렇게 잡으시더니 제 손등을 쓰다듬으시면서 할머니들이 손주들 반가우면 손잡고서 톡톡 쳐주시는 것처럼 예수님께서 손등을 톡톡 쓰다듬으시고 너무너무 좋아하시면서 저를 또 올려다보시고 손을 또 잡고 비비시면서 아주 기뻐하세요. 그러더니 제 손을 잡으시고 "이제 한번 같이 가볼까?" 그러셔요. 예수님의 손을 잡고 제가 가기 시작합니다. 예수님과 제가 있던 자리는요. 거기에는 뭐 아무것도 없었어요. 그냥 구름 같은 곳에서 발을 담고 그랬었거든요. 예수님과 이렇게 손을 잡고 걷기 시작하니까 길 같은 게 보여요. 길은 황금길로 끝없이 끝없이 펼쳐져 있고 온 사방은 안개 같은 것이 가득하며 아무것도 보이지 않아요. 길만 보여요. 그런데 예수님과 손을 잡고 가서 하나도 무섭지도 않고 너무너무 기분이 좋아요. 예수님과 함께 손을 잡고 가면서 예수님께서 제게 이런저런 얘기를 하시는 게 느껴져요. 예수님의 모습은요 우리가 성화를 보는 그런 느낌이에요. 그렇다고 완전히 사람 같지는 않으시고 그 성화에서 보는 그런 얼굴빛과 모습이신데 키는 170 정도, 아주 크지는 않으세요.

제 머리는 황금빛인데 예수님은 머리가 갈색빛이세요. 갈색빛이시고 그 얼굴에서는 광채가 나요. 얼굴에서는 광채가 나는데 하얀 광채가 나요. 마치 형광등에서 나오는 그런 하얀 광채가 나고 옷은 온통 완전히 투명한 옷을 입으신 것처럼 너무너무 하얘요. 너무너무 하얘서 입었는지 안 입었는지 알 수 없을 정도로. 완전히 투명하게 보여요. 이제 손을 잡으셨는데 손을 잡는 느낌도 정말로 내가 예수님의 손을 육신으로 잡는 것 같은 그런 느낌이 들어요.

그들 앞에서 변형되사 그 얼굴이 해 같이 빛나며 옷이 빛과 같이 희어졌더라 _마17:2

그 성은 해나 달의 비침이 쓸 데 없으니 이는 하나님의 영광이 비치고 어린 양이 그 등불이 되심이라 _계21:23

또 어떤 사람은 욕심이 많아요. 다른 사람이 뭘 사면은 그 사람이 그걸 산 거에 대해서 배가 아파요. 옆에 있는 아는 사람이 차를 사면 제까짓 게 저렇게 큰 차를 탈 자격이 있어? 그러면서 그 사람이 했던 뭐든 간에 다 토를 달고 배 아파하고 다 나쁜 쪽으로 생각을 해요. 그러니까 그 사람의 입에서는 독사의 혓바닥이 두 개로 갈라져 있어요. 이 사람의 마음이 그렇게 두 개로 완전히 갈라져서 그것들을 핥아먹어요. 그 사람의 온몸을 그 혀로 완전히 매일매일 핥아요. 독사의 그 독으로 그 몸을 핥아요. 온몸이 독이에요. 그래서 그 사람은 "어우 좋겠네" 이렇게 얘기하지만 뒤돌아서서 "제까짓 게 저런 걸 탈 자격이나 돼? 웃기고 있네" 이렇게 두 마음을 품어요. 항상 그런 방식으로 살아간대요. 그래서 그 사람의 몸에는 계속 독소가 퍼져 나가요.

입에서 나오는 것들은 마음에서 나오나니 이것이야말로 사람을 더럽게 하느니라 마음에서 나오는 것은 악한 생각과 살인과 간음과 음란과 도둑질과 거짓 증언과 비방이니 _마15:18-19

27. 더러운 잡생각, 똥과 구더기로 보여주시다

어떤 사람의 안에는 똥이 가득해요. 똥만 있는 게 아니고 구더기 있잖아요, 파리의 알들, 구더기가 너무너무 많아 꿈틀꿈틀 거리고 그 안에 지렁이도 있고 온갖 더러운 것들이 다 있어요. 파리가 얼마나 많은지, 냄새가 너무너무 지독해요. "왜 이렇게 더러워요? 하나님, 왜 이렇게 더러워요?" 예수님도 이 사람의 것은 보기도 싫대요. 냄새가 너무너무 심하대요. 어떤 사람이냐면 그 마음에 그냥 잡생각이 가득해요. 이 사람은 교회에 와도 소용이 없어요. 말씀이 하나도 안 들려요. 잡생각이 너무 많고 생각들이 너무 많아요. 그 생각들이 다 더러운 생각들이에요. 자기 생각이 없어야 하나님 말씀이 들어오는데 생각이 너무너무 많아요. 완전히 그 생각들로 가득 차 있대요.

그 생각이 뭐냐 하면 하나님이 보실 때 똥이에요. 그런데 그 더러운 거에 뭐가 달려드냐면 파리가 달려들고 구더기가 낀데요. 하나님이 말씀하시는데 하나님은 사람의 생각을 기뻐하지 않으시고 육체의 생각과 그 모든 잡생각을 하나님은 더럽게 여기신대요. 그래서 그런 사람들은 하나님 말씀이 들어가기가 어려워요. 너무 생각이 많아 하나님 말씀을 들을 수가 없어요. 집중을 못 해요. 어떤 사람의 것에는요, 염소가 가득해요. 염소가 그 안에서 사람이 받은 말씀이나 모든 풀 있잖아요, 이런 것들을 다 족족 먹어버려요. 푸른 것은 다 먹어버려요. 그 염소가 굉장히 교만한 사람이에요. 얼마나 교만한지 자기밖에 몰라요. 하나님 말씀을 다 알아요. 다 먹긴 해요. 그런데 다 뿔로 받아요. 뿔로 받고 자기가 다 먹어버려서 하나도 자기한테 이득이 되는 게 없어요. 얼마나 교만한지 예수님도 뿔로 받아요.

어떤 사람은요, 세숫대야예요. 계속해서 물이 떨어지는데 한 방울 한 방울 물이 떨어지는데 이 세숫대야의 물이 받아지지 않아요. 그 밑에 떨어지는 물의 양보다 물이 더 많이 새어 나갈 수 있는 구멍이 있어요. 사람 머리만큼 커다란 구멍이 그 밑에 있어서 물이 떨어지면 떨어지는 족족히 다 밑으로 새 버려요. 세숫대야는 굉장히 견고한 금 같은 거로 되어있는데 밑바닥은 완전히 뚫려 버렸어요. 믿음이 있는 것 같아 보이지만 이 사람의 것은 아무것도 없어요.

믿음이 없이는 하나님을 기쁘시게 하지 못하나니 하나님께 나아가는 자는 반드시 그가 계신 것과 또한 그가 자기를 찾는 자들에게 상 주시는 이심을 믿어야 할지니라 _히11:6

천국에 이 사람은 집이 없어요. 완전히 빈 깡통이에요. 어떤 사람은 우유가 있는데 완전히 부패했어요. 아이들이 우유 먹고 나서 토하면 굉장히 지독한 냄새가 나거든요. 우유인 젖이 완전히 썩어서 너무 부패한 냄새가 나요. 이 사람은 하나님의 그 생명의 젖이 생명의 말씀이 갇혀져 있어요. 그랬더니 물이 고이면 썩듯이 이것들이 썩은 거예요. 하나님의 것을 받아서 많은 사람에게 전파하고 전도하고 하나님께 받은 것들을 나눠줘야 하는데 자기만 그냥 갖고 있는 거예요. 갖고 있는 거 한 달란트를 땅속에 묻었던 사람처럼 갖고만 있다가 다 썩어져 버렸어요. 결국은 자기도 갖지 못할 정도로 완전히 썩어서 너무 고약한 냄새가 나요.

그러니까 이런 사람은 난 다 받았어! 이렇게 말을 하지만요. 그 사람 안에서는 썩은 냄새가 나요. 교만한 사람처럼 완전히 부패해서 하나님도 이 사람 썩어서 냄새나서 싫어하신대요.

주라 그리하면 너희에게 줄 것이니 곧 후히 되어 누르고 흔들어 넘치도록 하여 너희에게 안겨 주리라 너희가 헤아리는 그 헤아림으로 너희도 헤아림을 도로 받을 것이니라 _눅6:38

28. 피로 산 빨간 모자 쓴 십자가 군병

어디선가 빨간 모지가 제 머리에 위에 이렇게 씌워졌어요. 해군 군인들이 쓰는 모자인데 빨간색이에요. 해군 모자를 제가 썼어요. 그래서 제가 깜짝 놀랐어요. "이게 웬 모자예요?" 그랬더니 예수님께서 말씀하세요. "너는 내 피로 산 내 군인이란다. 너는 내 피로 산 내 아름다운 군인이고, 내 십자가 군병이며, 내 사랑하는 딸이며, 군대장이란다." 말씀하시면서 예수님께서 제 모자 쓴 모습을 보시며 아주 기뻐하세요.

너는 그리스도 예수의 좋은 병사로 나와 함께 고난을 받으라 병사로 복무하는 자는 자기 생활에 얽매이는 자가 하나도 없나니 이는 병사로 모집한 자를 기쁘게 하려 함이라 _딤후2:3-4

제가 계속 예수님의 등에 업혀서 그 모자를 쓰고 승리의 노래를 부르면서 걸어갑니다. 그러더니 예수님께서 저 밑을 보라고 하세요. 밑을 바라보니까 아주아주 많은 탱크가 보이고요. 그 폭격 하는 거 있잖아요. 우리 아프가니스탄이나 그런데서 보는 싸움하는 소리 폭격을 가하는 소리, 총 쏘는 소리, 미사일을 쏘아대는 소리, 전투기 소리와 함께 그런 장면들이 펼쳐져요. 주님이 제게 말씀하세요. 이제 곧 나라와 나라가 전쟁을 할 거래요. 나라와 나라가 전쟁을 하고 수많은 사람이 죽어가고 수많은 사람이 왜 싸우는지 이유조차 알 수 없게끔 세상이 혼란스러워진대요. 너무 많은 사람이 죽는데 아이들이 죽어요. 어른들은 알아서 피신하고 알아서 도망가는데 아이들이 그 건물 더미에서 파묻혀 죽기도 하고, 총에 맞아 죽기도 하고, 미사일이 폭격해서 죽기도 하고 너무 많은 아이들이 죽어가요. 예수님께서 저에게 말씀하셔요.

"딸아, 딸아 이 시대의 어린이들을 위하여 눈물로 기도해라. 너무 많은 아이들이 죽어가는구나. 그들의 육신뿐만 아니고 많은 영혼들이 지옥으로 가고 있다. 딸아, 딸아, 이 시대 많은 아이들을 위하여 기도해라." 예수님께서 제 마음속에 아이들을 품으라고 말씀해 주십니다. 또한, 많은 사람들에게 말씀하라고 하시기를 이 시대에 많은 아이들을 위하여 함께 기도하라고 하십니다. 태어난 죄밖에 없는 아이들. 그들이 그 많은 환란 가운데서 죽어가고, 특별히 이 시대 어린아이들을 위하여 하나님이 긍휼과 자비를 베풀길 원하신다고 합니다. 교회마다 깨워서 어린 영혼들을 깨우기 위하여 힘쓰고 애써야 한다고 합니다.

예수께서 이르시되 어린아이들을 용납하고 내게 오는 것을 금하지 말라 천국이 이런 사람의 것이니라 하시고 _마19:14

주일학교가 부흥이 안 되는 것이 시대의 흐름이라고 생각하지 말고 너무나 안타까운 마음으로 학교와 학원과 길거리에서 만나는 아이마다 전도해야 한다고 하십니다. 시대가 악하고 때가 가까이 올수록 죽어가는 아이들이 너무 많아요. 아이들을 위하여 더 많이 더 많이 기도하고 전도하고 교회마다 힘써서 아이들을 천국으로 갈 수 있는 길을 확실하게 알려주라고 하십니다. 구원을 받을 수 있도록 그냥 사탕발림에 교회 다니는 것이 아니라 머릿수를 채우기 위해 교회 다니는 것이 아니라 반드시 구원의 확신과 천국을 소망할 수 있도록 가르치고 양육하라고 하십니다. 하나님이 아이들도 영적 존재라고 말씀하십니다. 내가 그 아이도 지었고, 내가 그 아이에게도 생명을 불어넣었고, 내가 그 아이에게도 영생의 복을 주길 원한다. 그러나 그 아이 스스로 갈 수 없다. 반드시 누군가 그 아이에게 전해주어야 한다. 전해주어라. 영생을 전해주어라. 천국을 전해주어라.

각목을 든 청소년들을 보여주세요. 그들을 장악하고 있는 것이 악한 것이라고 하나님 말씀하십니다. 학교폭력이 난무하고, 총기를 가지고, 학생들이 서로 난사하고 게임에서 본 것처럼 주먹을 휘두르고 발로 차버리고, 지나가는 아이들을 그냥 쳐다 본다고 두들겨 패서 죽이고 살인하고도 죄책감도 전혀 느끼지 못하는 이 시대의 청소년들을 향하여 하나님께서 너무 가슴이 아프시다고 해요. 그들이 어렸을 때 하나님을 만났다면 그렇게 변하지 않았을 거라고 말씀하십니다. 부모의 책임이며 우리들의 책임이라고 하십니다. 교회마다 더욱더 부흥을 외치지 말고 교회마다 더욱더 주일학교에 힘써야 한다고 하십니다. 주일학교에 더 많이 힘써서 전도하고 그 아이들의 영혼을 위해 기도하라고 하십니다.

　많은 교회가 장년들이 교회를 이끌어가고 지탱한다고 생각하는데 하나님은 그렇게 생각하지 아니하신다고 합니다. 하나님은 반드시 영혼을 구원하는 일에 관심이 있으시지 헌금을 많이 하는 자에게 관심이 있는 것이 아니라고 합니다. 하나님이 지금 애타게 찾는 것은 어른 한 영혼보다도 어린아이 한 영혼, 한 영혼을 더 많이 애타게 찾으신다고 합니다. 왜냐하면, 가까이 온대요. 때가 가까이 온대요. 아무 죄도 없는 그 많은 아이들이 죽을 날이 가까이 오기 때문에 특별히 북한을 위해서 하나님 기도하라고 하시는데요.

　북한에는 지금도 너무 많은 아이들이 죽어가는데 수많은 아이들이 기계가 찍어져 떨어지듯이 북한에 있는 아이들은 죽으면 바로 지옥이래요. 북한을 위해서도 계속해서 기도하고 그 아이들을 위해서 기도하라고 하십니다. 이곳에 있는 자들도 그런 북한 단체나 선교 단체에 헌금과 기부하는 것을 아끼지 말라고 하십니다. 이제 하나님 말씀하시기에 북한이 곧 열릴 것이고 기도원을 북한에도 세우시길 원하시는데 북한에 하나님이 역사하실 때 많은 영혼들이 구원받기를 기도하고 준비하라고 하십니다. "내가 너희를 그곳에 보내기를 원한다. 내가 너희를 그곳에서 쓰길 원한다. 그 땅이 내 나라의 땅이 되길 원한다. 그 나라를 위하여 예비하고 준비하라. 많은 자들이 애타게 나를 찾고 있다. 나의 이름도 모르고, 나의 노래도 모르고, 나의 찬양도 모르고, 기도를 어떻게 해야 하는지 말씀을 볼 수도 없는 그들이 그저 나를 찾고 있다. 내가 그들의 신음 소리를 이제 더 이상은 듣지 않을 것이다. 내가 이제 그들을 구원할 것이다. 그날을 위하여 예비하라. 내가 너희를 그곳에 보낼 것이다. 그들의 영혼들을 위하여 기도하고 그들을 구원하기 위하여 준비하고 예비하라." 하나님이 그렇게 말씀하시며 부탁하고 부탁한다고 말씀하십니다.

주 여호와께서 이 뼈들에게 이같이 말씀하시기를 내가 생기를 너희에게 들어가게 하리니 너희가 살아나리라 _겔37:5

29. 낮고 낮은 사람의 모습으로 변신하여 계신 예수님

발에 신발을 신었는데 가죽 신발을 신었어요. 갈색 가죽 신발 뒤꿈치에 로켓이 달려 있어요. 불꽃이 탁 일어서 제가 마음만 먹으면 날아가요. 하늘 높이 날아가요. 마치 만화 속에 나오는 로봇들이 날듯이 제가 한번에 하늘을 향해 쑝 날아요. 하나님이 제가 올라가길 원하면 계속해서 올라가게 해주신다고 약속하셔요.

오직 여호와를 앙망하는 자는 새 힘을 얻으리니 독수리가 날개치며 올라감 같을 것이요 달음박질하여도 곤비하지 아니하겠고 걸어가도 피곤하지 아니하리로다 _사40:31

바구니 하나가 보이는데 그 바구니 안에 사과가 가득 들었어요. 나무로 만든 그런 바구니 안에 빨간색 사과가 아주 아주 아름답게 포장돼서 거기에 담겨 있어요. 제가 그 사과를 가지고 배가 고파서 시궁창 같은 데 빠진 아이들, 길거리에서 웅크리고 있는 아이들을 향하여 그 사과를 갖다 줘요. 그 사과를 하나씩 갖다 주니까 그 아이들의 손에 그 빨간 사과가 색이 바뀌어서 황금색으로 바뀌었어요. 황금 사과가 돼서 그 아이들이 그걸 먹자 얼굴빛이 달라지고 얼굴이 환해지고 생명력을 얻어서 아이들이 노래하고 춤을 추는 모습을 보여주십니다. 하나님이 제게 그 사명을 주신다고 말씀하세요.

지팡이도 하나 보여주세요. 할아버지들이 쓰시는 갈색 지팡이가 있잖아요.

그 지팡이를 허리가 아주 꼬부라진 할머니가 짚고 가셔요. 너무나 힘들게 허리를 폈다가 또 구부려서 흔들흔들거리면서 그 지팡이를 짚고 가셔요. 그런데 그 할머니 뒤로 피가 흘러요. 혈루병 걸린 여인처럼 피가 마르지 않고 계속해서 피가 흘러요. 그 가는 길이 다 피예요. 피, 피가 줄줄줄줄 흘러요. 그래서 제가 "어떡해요? 어떻게 해야 돼요?" 제가 갖고 있는 손수건으로 그 피를 닦으면서 그 할머니 곁으로 가요. 그런데 너무너무 냄새가 나요. 피비린내와 오줌똥 이런 것들이 썩은 그런 냄새가 나요. 제가 참고 그 할머니 곁에 가서 "할머니 제 손을 잡으세요." 제가 그러니까 할머니가 저 위로 올려다보시는데 그 할머니의 얼굴이 아까 저를 업고 갔던 예수님의 얼굴이에요. "세상에, 예수님……" 예수님은 원래 그런 모습으로 계신단 말이에요.

우리 성경에서도 읽었잖아요. 정말로 예수님께서 그런 모습으로 계세요. 낮고 낮은 자, 그들에게 손을 내밀 때 우리가 예수님을 만난대요. 돈 있고 멋있고 잘 차려입고 잘 먹는 사람들에겐 예수님께서 안 계셔요. 낮고 천한 자들에게 손을 내밀 때 예수님께서 그들을 통하여 우리에게 나타나신대요. 예수님은 지금도 그런 자들을 사용하신대요. 낮고 천한 자를 들어 사용하신대요.

> **인자가 온 것은 섬김을 받으려 함이 아니라 도리어 섬기려 하고 자기 목숨을 많은 사람의 대속물로 주려 함이니라** _막10:45

시골에서 학벌도 없고 가진 것도 없고 무능력하고 아무것도 없고 보잘것없는 자이지만 그 안에 예수님께서 가득하세요. 소자에게 물 한 컵을 준 것도 기억하세요. 특별히 하나님이 사랑하는 딸에게 하시는 것을 모두 다 기억하시고 갚으시고 축복하신다고 합니다. 반대로 저주하거나 손가락질하고 비방하는 자는 반드시 보응한다고 하십니다. 그 말 한마디라도 하나님이 반드시 보응하신다고 합니다. "너희도 이렇게 하거라." 하나님 말씀하십니다. 금으로 된 자루를 하나 보여주세요. 그 금 자루 밖에만 제가 지금 보고 있는데 그 밖에 이렇게 달러 표시가 되어있어요. 그 달러 안에 있는 그것들을 하나님이 쏟아부으세요. 지금 여기 제 머리 위에 지금 쏟아붓고 계시는 걸 보이시는데 그 안에 뭐가 있냐면 쌀 같은 곡식인데 이 곡식들이 모두 다 금이에요. 이게 그냥 금화처럼 이렇게 똑똑똑 떨어지는 게 아니고 막 쏟아져요. 이거는요, 먹을 수도 있고요, 살 수도 있고요, 돈보다도 더 귀한 생명의 말씀, 영생의 말씀 축복들이 계속해서 쏟아집니다.

> **살리는 것은 영이니 육은 무익하니라 내가 너희에게 이른 말은 영이요 생명이라** _요6:63

30. 딱딱한 돌에서 말랑한 심령으로 변화되는 목회자의 이야기

OO목사님. 하나님이 이렇게 만드셨대요. 얼마나 딱딱했는지 아니? 얼마나 그가 딱딱했는 줄 아니? 아주 돌이었단다. 바윗덩어리였어요. 머리부터 몸까지 완전히 비석같이 너무너무 딱딱해. 그 딱딱한 거로 사람들을 치고 박았대요. 박치기하듯이. 딱딱한 돌과 사람이 부딪히면 누가 깨져요? 사람이 깨져. 그 목사님 주변에 있는 사람들이 그렇게 아팠대요. 사모님도 아팠고 아이들도 아팠고. 돌로 박치기를 하니까… 그 단단한 돌로 사람들을 박치기했으니 얼마나 사람들이 아팠겠어요. 본인도 느끼는 거예요. 내가 왜 이렇게 사람들을 갖다 박을까? 그런데 그 딱딱한 것들이 한번 오고 두 번 오고 세 번 오고 올 때마다 녹아서 지금은 아주 말랑말랑해져서 하나님이 지금 뭐든 만들 수 있을 만큼 그 심령이 말랑말랑해졌어요. 빵을 만들 수 있을 정도로 아주 말랑말랑해졌어요.

또 새 영을 너희 속에 두고 새 마음을 너희에게 주되 너희 육신에서 굳은 마음을 제거하고 부드러운 마음을 줄 것이며 _겔36:26

하나님이 이제 여기다가 색깔을 입히고 생명의 생기를 불어 넣어서 새로운 형상을 만드시기 시작하셨대요. 푸른 잔디를 보여주시는데 "얘들아 너희들 어제 씨를 뿌려봤지? 밭을 갈고 씨를 뿌렸지? 그 씨가 날까 아니 날까? 너희들은 알 수 없지만 따뜻한 햇빛과 비를 맞으며 그곳에서 무엇이 나오겠느냐? 푸른 새싹들이 나오지 않겠느냐? 내가 너희 마음에도 이렇게 날마다 씨를 뿌린단다. 그런데 자라지 않는단다. 어떤 자는 자라지를 않아. 왜 자라지 않을까? 비를 맞지 않기 때문이야. 햇볕을 쬐지 않고 있구나. 내가 주는 따뜻한 성령의 바람을 맞지 않고 성령의 비도 맞지 않고 내가 주는 영생의 물도 마시지 않고 은혜 안에 들어오지도 않고 오로지 땅속 깊은 곳에만 있으려고 꽁꽁 마음을 닫고 아직도 겨울인 것처럼 그 마음이 얼음장 같구나. 그러니 너희가 자라지도 않고 꽃도 피지 않고 열매는 구경도 할 수 없구나."

이는 비와 눈이 하늘로부터 내려서 그리로 되돌아가지 아니하고 땅을 적셔서 소출이 나게 하며 싹이 나게 하여 파종하는 자에게는 종자를 주며 먹는 자에게는 양식을 줌과 같이 _사55:10

오 주여 주여. 내 사랑하는 자들아. 내 사랑하는 아들아. 딸들아. 나는 너희를 통해서 열매를 보고 싶구나. 내가 모든 자들에게 씨를 뿌렸는데, 어떤 자는 정말로 너무나 탐스러운 열매를 내게 날마다 보여주고 내가 그 자를 볼 때마다 기쁘고 흡족한데, 어떤 자는 내가 뿌린 그 씨앗들이 무슨 씨앗인지 알 수도 없게 땅속 깊은 곳에 아직도 그대로 묻어두고 있다. 그런 땅에는 자꾸 쥐가 와요. 쥐가 자꾸

와서 그 씨앗들을 자꾸 파먹어요. 도둑들이 도둑질을 해요. 하나님은 우리가 푸른 새싹이 나고, 꽃이 피고, 열매 맺기를 간절히 원한다고 말씀하십니다.

> 좋은 나무가 나쁜 열매를 맺을 수 없고 못된 나무가 아름다운 열매를 맺을 수 없느니라 _마7:18

방법은 하나예요. 따뜻한 햇볕을 맞고 하나님이 주시는 그 생명의 단비를 날마다 맞으며 온몸으로 그것들을 사모하고 오늘도 내가 하나님의 단비를 맞기 원합니다. 두 손을 벌리고 찬양을 하고 하나님을 향하여 그 얼굴을 들면 나도 모르는 사이에 새싹들이 납니다. 푸른 새싹들이 마음밭에 푸르르고 그 가지가 견실해요. 아주 탐스러운 열매들이 열려요. "목사들아 왜 양들이 오지 않는 줄 아느냐?" "너희가 열매가 없는데 어떻게 자녀가 오겠느냐? 먹을 것이 없는데 어떻게 오겠느냐?" 저기 분홍색 체크 무늬 옷 입은 목사님을 보여주십니다. "목사야 네 마음의 씨앗들이 땅 속에 묻혀 있구나. 한 달란트 받은 종처럼 묻어만 놓지 말아라. 그 씨앗들이 생명력을 가지고 있단다. 비를 맞기만 하면, 햇빛을 쬐기만 하면, 그것들이 자라기 시작한단다. 자라고 자라고 무성한 가지가 되고, 네 안에서 열매가 맺히며 교회는 저절로 부흥이 된단다. 양들이 몰려온단다." 이곳에 온 것을 환영하시면서 눈을 더 들고 사모하는 마음으로 받으라고 하십니다. 이곳의 단비를 온몸으로 흡수하라고 하십니다. 아멘.

아멘! 하면서 받으라고 합니다. 먹으라고 합니다.

우리 구주 예수 그리스도로 말미암아 우리에게 그 성령을 풍성히 부어 주사 _딛3:6

OOO목사님은 계속해서 이것을 받아요. 아멘 아멘 하면서 그것들을 먹어요. 하나님의 단비를요. 하나도 안 놓치려고 입을 벌려서 자꾸자꾸 마셔요. 하나님의 단비를 마시니까 목사님의 마음 밭에 상추밭처럼 새싹들이 올라왔어요. 그 푸르름 때문에 하나님이 아주 기뻐하셔요. 무슨 열매가 맺힐지 하나님도 궁금해하셔요. 열매를 보기 원하신대요. 목사님은 송충이 애벌레가 그 잎사귀를 갉아 먹지 않도록 조심하래요. 목사님~ 하나님이 찬양의 약을 계속해서 뿌리래요. 찬양을 많이 하래요. 큰소리로 찬양을 하라고 하십니다. 목사님이 찬양할 때 더 많이 성장하고 그 애벌레나 송충이가 자꾸 달려올 때, 우리가 농약을 뿌리는 것처럼 찬양할 때 이것들이 범접하지 못해요. 벌레들이 달려오지 못해요. 우리 모두 다 마찬가지예요. 찬양의 역사가 크다고 많은 자들이 대언을 통해 말씀하시잖아요. 하나님이 계속해서 찬양을 많이 부르라고 하십니다. 목사님의 딱딱하게 굳은 그 심령이 말랑해졌기 때문에 내가 이 천국 비밀을 전하면 그 성도들의 마음에 천국 복음이 심겨지기 시작한대요.

그런즉 내가 하나님의 제단에 나아가 나의 큰 기쁨의 하나님께 이르리

이다 하나님이여 나의 하나님이여 내가 수금으로 주를 찬양하리이다 _시43:4

두 손에 하나님이 내게 보여주셨던 헬륨풍선. 그 영적인 풍선. 나의 간증을 듣고 천국 복음을 듣고 영의 풍선을 계속해서 띄워 보낼 수 있도록, 그 풍선들을 가득가득 손에 쥐여주셨어요. 사람들에게 이 풍선들을 나눠주면서 많은 자들이 이 풍선처럼 하늘나라로 계속해서 올라가는 기도를 하고 올라가는 찬양을 하고 하나님 앞에 많은 자들이 올라가요. 황금으로 된 독수리가 올라가요. "얘들아, 오늘 새벽에 너희들이 이렇게 올라왔단다." 넓은 날개를 가지고 하나님이 우리를 이 높은 독수리같이 올라가게 만드셨어요. "얘들아 날마다 이 새벽을 기억하렴. 너희가 이렇게 올라오기를 사모한단다." 하나님이 우리가 이렇게 날마다 올라가기를 원하세요. 우리의 믿음이 올라가고 우리의 믿음이 자라나고 천국에 쌓아진 상급들이 올라가고 우리의 영적인 기도들이 올라가기를 원하세요. 하나님은 내려가길 원하지 않으세요. 우리가 날마다 올라가길 원하세요.

오직 여호와를 앙망하는 자는 새 힘을 얻으리니 독수리가 날개 치며 올라감 같을 것이요 달음박질하여도 곤비하지 아니하겠고 걸어가도 피곤하지 아니하리로다 _사40:31

"하늘 문에 올라가기 원하고, 천국에 올라가기 원하고 사모하는 자들은 날마다 올라가길 사모하라 사모하라. 이 자도 날마다 사모하기 때문에 자주자주 올라간다. 이 자가 처음에는 얼마나 땅의 것을 많이 구했는지 아느냐? 날마다 울면서 나도 잘 살아 보고 싶어요. 나도 이 가난에서 벗어나고 싶어요. 날마다 울면서 기도했는데 이제는 그런 기도는 안 한단다." "하나님 나 오늘 또 보여주세요. 나는 하나님이 너무 좋아요. 그 나라가 너무 좋아요." "그래서 날마다 올라가기를 사모한단다. 오늘도 내가 저 목사를 데려가려고 우리 딸을 통해서 천국을 보여주려고 했는데 이 자가 더 사모했단다." "하나님 나도 갈래요. 하나님 나도 갈래요. 나도 보여주세요. 나도 갈래요." "사모하니까 올라가는 속도가 아주아주 빠르단다. 너희도 이렇게 사모해라. 나는 사모하는 자에게 준단다. 나의 이 보물을 아무에게 주지 않는다. 사모하고 사모하는 자에게 준단다."

그가 사모하는 영혼에게 만족을 주시며 주린 영혼에게 좋은 것으로 채워주심이로다 _시107:9

너희도 목마른 자들이 수십 명이 있으면 목말라서 소리치는 자에게 먼저 주지 않겠니?

우는 아이들이 있으면 더 심하게 울면서 배고파서 떼굴떼굴 굴러다니는 아이에게 주지 않겠니? 입만 벌리고 뻥긋뻥긋 있는 아이에게 주겠느냐? 급한 자에게 먼저 주고 사모하는 자에게 먼저 주지 않겠느냐? 나도 여기 있어요. 받고 싶어요. 나도 가고 싶어요. 사모하고 사모해라. 올라간다. 올라간다…. 오늘 새벽에는 많은 자들이 이렇게 사모했기 때문에 단체로 하나님이 주셨대요. 하나님이 날마다 이렇게 단체로 받으셨으면 좋겠대요. 하나님이 날마다 날마다 단체로 데려가길 원하신대요. 주님 감사 감사합니다.

이번에는 하나님이 과도를 하나 보여주세요. 사과를 깎는 그 칼 과도를 보여주시는데 날이 무뎌졌어요. 사과를 깎으려고 해도 깎을 수가 없고 모양은 칼인데 칼이 무뎌졌어요. 칼의 기능을 할 수가 없어요. 하나님이 많은 자들에게 은사를 주셨고 성령을 주셨지만 많은 자들이 이 무뎌진 칼처럼 능력을 행하지 못하고 있대요. 받은 경험이 있지만 사용할 수가 없어요. 아무것도 자를 수도 없고 깎을 수도 없는 칼처럼 모양만 칼이지 능력이 없어요.

육에 속한 사람은 하나님의 성령의 일들을 받지 아니하나니 이는 그것들이 그에게는 어리석게 보임이요, 또 그는 그것들을 알 수도 없나니 그러한 일은 영적으로 분별되기 때문이라 _고전2:14

"내 마음이 아주 많이 불편하구나. 내가 이 칼을 가지고, 내가 너를 사용하려고 하지만 능력이 나타나지 않는구나. OO목사야 네가 이런 모습이란다. 내가 너를 붙잡고 일하려고 하지만 너의 칼이 부러져서 너의 능력이 나타나지 않는구나. 내가 너를 사용하려고 하지만 참 불편하구나. 너를 통해서 할 수 있는 것이 너무 적구나. 내가 너를 사용하고 있는 게 참 불편하구나. 너도 칼이 안 드는 걸 한번 사용해 보거라. 얼마나 불편하겠느냐? 마음에 짜증 나지 않겠느냐? 안타깝지 않겠느냐? 그 칼을 버리고 새 칼로, 다른 칼로 쓰고 싶지 않겠느냐? 내가 너를 사용하고 있는데 이런 마음이 든단다. 그렇지만 내가 너를 아끼기 때문에 내가 다른 사람, 다른 종을 쓰려고 하지 않고 너를 어떻게든 써보려고 자꾸자꾸 애를 쓴단다. 네가 어떻게 해야 하는지 너는 알고 있지 않느냐?

무뎌진 칼은 갈아야 한단다. 아주 아주 싹싹 갈아야 한단다. 네 몸이 아프더라도 갈고 갈아질 때 너의 그 더러운 것들이 벗겨지고 날이 선단다. 나는 네가 날 선 검이 됐으면 좋겠구나. 그래서 내가 너를 잡고 아주 쉽게 일했으면 좋겠구나. 시원하게 일했으면 좋겠구나. 내 사랑하는 목자야. 내 사랑하는 종아. 내 사랑하는 아들아. 너를 통하여 능력이 나타나면 너도 얼마나 좋겠느냐? 너를 통하여 내가 일할 때 많은 역사가 일어나면 얼마나 신나고 즐겁겠느냐? 나는 네가 이렇게 목회했으면 좋겠구나."

"힘들어요. 힘들어요. 아버지. 왜 나는 이렇게 목회가 힘들어요? 나는 왜 이렇게 가시밭길을 걸어요. 내 무거운 짐 좀 덜어주세요. 그런 말 하지 말고 너의 날을 갈아라. 너의 검을 갈아라. 내가 너와 함께하여 기쁘게 일했으면 좋겠구나. 악한 것들이 물러나고 내 딸이 일하는 것처럼 악한 것들이 사지가 찢겨 나가야 되지 않겠느냐?

날이 무뎌지니 악한 것들이 얼마나 얕보는 줄 아느냐? 너를 도리어 공격하지 않느냐? 너에게 능력이 나타나지 않는데 어떻게 악한 것이 물러나며 그것들이 사라지겠느냐?

내 딸을 보아라. 그는 많은 사역을 하지만 항상 날이 얼마나 서 있는지 모른단다. 그 날선 것만 보아도 덜덜 떠는 악한 것들을 보아라. 나는 너를 이렇게 쓰길 원한다. 나도 너를 이렇게 쓰기 원한다. 날이 선 검이 되어라. 너의 빛을 보고 악한 것이 떠나가고 능력이 나타나길 원한단다." 날이 선 검으로 양파 같은 걸 잘라요. 그 검이 닿기도 전에 그 날이 서니까 양파의 매운 냄새가 확 나요. 매운 냄새가 나니까 수많은 자들이 눈물바다가 돼요. 많은 노력을 기울이지 않았는데도 불구하고 많은 자들이 눈물바다가 되며 회개하고 많은 자들이 하나님께 돌아와요. 하나님은 지금도 이렇게 일하시길 원하신다고 합니다. 하나님은 찬양을 통해서도 이렇게 일하시길 원하십니다. 우리의 입술이 그렇게 사용되기를 원한답니다. OO형제의 입술이 이렇게 사용되길 원한다고 하시며 찬양을 더 많이 능력 있게 부르라고 합니다. 하나님 찬양할 때 그 입술이 날 선 검같이 사용된다고 합니다.

하나님의 말씀은 살아 있고 활력이 있어 좌우에 날선 어떤 검보다도 예리하여 혼과 영과 및 관절과 골수를 찔러 쪼개기까지 하며 또 마음의 생각과 뜻을 판단하나니 _히4:12

31. 더 깊고 깊은 은사를 사모하라

　단추 같은 게 보이는데 어떤 단추냐면 싸개 단추예요. 구멍이 보이지 않는 싸개 단추 있잖아요. 모양은 도토리 모양 같은 그런 단추예요. 그런 단추가 어떤 사람의 옷에 달려 있어요. 그런데 엄청나게 많이 달려 있어요. 그 단추는 옷을 여밀 수 없는 단추예요. 단추의 기능은 옷을 여미는 데 쓰는 거잖아요. 그런데 이 단추는 옷에 무지 많이 달려 있는데 장식처럼 그냥 달려만 있지 옷을 여밀 수 없는 단추예요. 하나님이 뭐라고 하시냐면 "애들아, 너희들은 아무 기능도 할 수도 없는 그 단추를 단 옷을 입고 있구나." 그것들은 옷에 붙어서 여미는 작용을 해야 단추의 기능을 하는데, 우리는 그 단추를 많이 가지고 있으면 부자인 것 같고, 그 단추를 가지고 있으면 능력이 있다고 생각하고, 단추를 마구마구 단대요.

　그래서 우리가 은사를 가진 사람을 보면 부러워서 '나도 저걸 가져야지' 하면서 그 사람들한테 가서 그 OO목사님처럼 머리를 들이대고 안수를 받아요. 아무거나 받으면 된다고 생각하고 그것들을 받는데요. 다다익선처럼 아무거나 받으면 된다고 생각하고 아무거나 막 받는대요. 그래서 자기 몸에 다 갖다 붙이는 거예요. 그런데 그거는 기능을 못 해요. 그 옷이 더 거추장스러운 모습만 되고 여며지고 따뜻하게 하는 그런 기능을 할 수 없는 단추가 돼버렸어요. 오히려 옷이 더 무거워지고 볼품없는 옷이 돼버렸어요. 하나님은 우리가 하나를 갖더라도 제대로 기능을 하는 단추가 되길 원한대요. 하나라도 제대로 된 은사를 정말로 잘 간직하고 소유하고 기능을 하고 능력이 나타나기를 원하신대요. 그래서 하나님은 준비한 마음을 가지고 아무에게나 안수받지 말고 자족하는 마음과 절제하는 마음과 항상 겸손한 마음, 그렇지만 항상 갈망하고 사모하는 마음을 가지라고 하십니다.

그러나 더욱 큰 은혜를 주시나니 그러므로 일렀으되 하나님이 교만한 자를 물리치시고 겸손한 자에게 은혜를 주신다 하였느니라 _약4:6

"나는 너희가 하나의 은사를 갖더라도 능력 있는 종이 되길 원한다. 예언의 은사를 갖더라도 깊이 있는 예언을 할 수 있는 자가 되길 원한다. 이런 은사 저런 은사 다 갖고서 나도 저거 할 줄 알아. 나도 저거 해봤어. 그런 말 하는 자 되지 말고 하나를 갖더라도 깊이 있고 능력 있는 은사를 갖길 원한단다. 그 은사가 얼마나 깊이가 있느냐? 어느 누구도 할 수 없는 은사를 갖고 있지 않느냐? 깊이 있는 은사를 여러 개를 가진 것이 낫지 여러 개를 갖고 있다 하더라도 아무 능력이 없는 걸 가진 것이 나으냐? 나는 너희가 깊이 있고 능력 있는 은사를 갖길 원한다."

하나님이 우리에게 원래 이렇게 기능을 할 수 있는 단추를 가지라고 말씀하십니다. 큰 단추 하나만 있어도 옷을 여밀 수만 있다면 그 몸 안이 따뜻하여지는데 수많은 단추를 갖고 있다 하더라도 여믿 수 없다면 그 몸은 춥고 춥답니다. "많은 은사를 가진 자들 두려워하지 마라. 어떤 자는 몸 안이 냉골이구나. 추워서 벌벌벌벌 떤단다. 그러면 또다시 또 다른 단추를 받으려고 또 쫓아가고 머리를 들이대고 안수를 받는구나. 나는 너희가 이런 모습으로 이곳저곳 떠돌아다니지 않길 원한다. 깊이 있는 은사를 갖기를 사모해라. 방언 하나를 하더라도 보좌를 울리는 방언을 할 수 있기를 깊이 있게 사모해라. 병 고치는 은사가 있다고 함부로 병자에게 손 놓고 기도하지 마라. 너희가 깊이가 있을 때까지 자족하고 겸손하여 정말로 능력 있는 자가 될 때까지 절제하는 은사도 함께 갖기를 원한다.

악한 영혼은 네가 깊이가 있는지 얕은지, 적은지 큰지 다 알고 있단다. 그들이 은사가 없어서 눌렸던 것이 아니다. 그들이 은사가 없어서 당했던 것이 아니다. 은사가 있지만 얕고 적고 교만한 마음이 있어서 나도 이쯤이야 할 수 있어 하다가 그것보다 센 악한 것이 그를 누르면 그는 완전히 사로잡힐 수밖에 없단다. 나는 너희가 얕고 적은 은사를 갖지 않고 깊고 넓은 능력이 되는 은사를 갖기를 원한단다."

전도사님을 통해서 하나님이 일하기를 원하시는데 깊고 능력 있는 은사를 사모하라고 하십니다. 하나님은 전도사님을 통해 지금까지 일하셨지만 많은 사역을 하셨어요. 하시긴 하셨는데 전도사님이 지금까지 한 모든 사역들은 얕고 참 적어요. 적은 은사들로 하셨기 때문에 열매가 나타나지 않고 본인은 참 열심히 해서 힘든 사역을 하셨는데 그 결과물들은 열매가 없어요. 그렇지만 이제는 하나님이 전도사님의 그 남은 여생을 깊고 아주 능력 있는 은사를 주기를 원하신대요. 하나님이 이제는 깊고 깊은 은사를 사모하라고 하십니다. 그럴 때 한 사람을 만나더라도 그 사람이 정말 깨이고 깨이는 그 소리가 아주 크다고 합니다.

한 영혼이 구원을 받으면 그 온 집안이 구원을 받듯이 전도사님이 여기서 경험을 해봤잖아요. 원래 전도사님 한사람을 통해서 온 집안 식구들이 다 구원을 얻고 많은 사람들이 해방을 얻고 완전히 모든 문제가 풀렸던 것처럼 전도사님이 사역을 하더라도 온 집안이 다 구원받고 온 집안이 해방을 얻기 때문에 깊은 은사를 사모하라고 하십니다. 모든 자들이 그렇게 깊고 깊은 은사를 사모하라고 하십니다. "나 이 은사 주세요. 저 은사 주세요." 이렇게 기도하지 말고 받은 은사를 더 깊게 하나님이 쓰시기 정말 편하게, 날 선 검을 하나님이 쓰시면 얼마나 편하시겠어요. 하나님은 그런 시원함을 느끼고 싶으시대요. 많은 자들이 하나님이 은사를 주시면 그냥 그거 가지고 깝죽댄대요. 그러다 보니 더 깊이 들어갈 생각을 안 하는 거예요. 그냥 사용만 하다 보니까 그 날이 점점 무뎌지는 거예요.

깊이 들어가는 은사를 가지고 사역을 하면 본인도 힘들지 않아요. 받는 자들도 너무너무 시원하고 행복해요. 하나님도 시원하셔요. 그런데 그 은사 조금 받은 거 가지고 일을 하면 본인도 너무 괴롭고 받는 자도 시원하지가 않아요. 그런 은사는 본인도 힘들고 하나님도 힘드시고 양도 힘들어요. 하나님은 그렇게 일하고 싶지 않으시대요. 하나님은 시원하게 일하고 싶으시다고 말씀하십니다. 하나님이 시원한 그 기분을 제게 느끼게 하시는데 어떤 느낌이냐면요. 폭포수 밑에 있으면 얼마나 시원해요. 그 더운 여름이라도 아주 찜통 같은 여름이라도 그 폭포수 밑에만 있으면 얼음 같은 시원함이 느껴지잖아요? 하나님이 그렇게 시원하대요. 찜통 같은 그 여름에 하나님이 시원해서 너무너무 행복하시다면서, "난 너희들 통해서도 이렇게 하고 싶구나."

그러므로 내가 나의 안수함으로 네 속에 있는 하나님의 은사를 다시 불일 듯 하게 하기 위하여 너로 생각하게 하노니 하나님이 우리에게 주신 것은 두려워하는 마음이 아니요 오직 능력과 사랑과 절제하는 마음이니 _딤후 1:6-7

32. 사소한 것 하나하나 다 나에게 물으라, 내가 알려주리라

하나님이 말씀하셔요. "주님 감사합니다."

"내 이름으로 모인 자들을 내가 참으로 귀하게 본단다. 몸이 고단하고 참으로 피곤하고 더 자고 싶은 눈을 비비고, 너희 육체들을 일으켜 깨워서 이곳에 모여 나를 위하여 찬양하고 잠을 깨우고 내 보좌 위로 찬양을 올려드리는 너희들이 꽃보다도 아름답구나. 세상에 어떤 꽃보다도 아름답구나. 이 꽃은 영생의 꽃이요, 이 향기는 어디에서도 맡을 수 없는 향기로구나. 내가 너희들을 참으로 사랑한다. 참으로 너희들을 귀하게 본단다. 그 어떤 것보다도 귀하게 본단다. 이 귀하게 보는 것을 무엇으로 비교하랴!

보석으로 비교할 수 있을까? 꽃으로 비교할 수 있을까? 그 어떤 것보다도 너희들이 참으로 귀하구나. 내가 너희들을 너무나 사랑하고 너희들을 너무나 귀하게 여긴단다. 그래, 비교할 수 있는 것을 하나 찾았다. 너희가 아이를 낳지 못하고 너무나 기다렸다가 아이가 생겼다면 그 아이가 얼마나 얼마나 귀하겠느냐! 이 세상에 보석으로 비교하겠느냐? 이 세상에 금은보화로 그 아이를 비교하겠느냐? 세상의 재물을 다 갖다 준다 한들 그 아이랑 바꾸겠느냐? 눈에 넣어도 아프지 않은 자식처럼 내가 너희들을 지금 그렇게 보고 있단다. 어떤 것하고 비교할 수 없게 내가 너희들을 보면 너무나 귀하고 너무너무 사랑스럽고 너무너무 귀하구나.

자녀가 어떤 모습을 하고 있을 때 귀하고 예뻐 보이느냐? 부모 마음을 흡족하게 하고 부모가 생각지도 않은 행동을 할 때 얼마나 귀엽고 사랑스러우냐? 내가 생각하지도 못하고 상상하지도 못했던 행동을 하는 자녀를 보면 어쩜 저렇게 이쁜 행동을 할까? 저게 정말 내 속에서 나온 자식 맞을까? 어쩌면 저렇게 생각하는 게 귀엽고 사랑스러울까? 내가 너희들을 지금 그렇게 본단다. 어쩌면 이렇게 사랑스러울까? 어쩌면 이렇게 귀엽고 사랑스러운 모습으로 보고 사랑스럽게 여길 수밖에 없게 할까?

너희들이 새벽에 이렇게 눈 비비고 나와서 잠 오는 것을 깨우고 더 눕고 싶고 더 자고 싶은 그것을 이기고 육체를 깨워서 여기에 나와서 입술을 열고 찬양하는 그 입술이 얼마나 사랑스러운지 그냥 그 입술만 봐도 내 마음이 너무 녹아내리는구나. 너무 사랑스럽구나. 세상에서는 그 입술로 욕을 하고 화를 내고 사람들을 향하여 더러운 것을 다 쏟아냈던 그 입술이 육체의 것을 다 이기고 이 새벽에 얼마나 잠을 자고 싶었느냐? 그것을 이기고 나에게 찬양하는 그 입술. 아이고 사랑스럽다. 사랑스럽다. 그 입술에다가 뽀뽀하고 먹을 것을 넣어주고 그 입술에 무엇을 안 넣어주고 싶겠느냐? 너무나 사랑스럽구나. ○○아, 네 입술이 가장 사랑스럽구나. 내가 볼 때 여기 앉아 있는 사람들 가운데 네 입술이 가장 사랑스럽단다. 네가 그 입술로 세상에서 무엇을 했느냐? 입술로 혈기 내고 세상에서 네가 얼마나 많은 욕을 하고 그 입술로 얼마나 범죄했느냐?

그런데 지금은 그 입술에서 얼마나 아름다운 향기가 나는지 아느냐? 그 입술에서 내가 받을 것이 많다는 것이 얼마나 기쁜지 아느냐? 그 입술이 너무 예쁘구나. 무엇에 비교할까? 무엇에 비유할까? 보석보다도 아름답고 꽃보다도 아름답고 기뻐서, 네가 너무너무 사랑스러워서 재롱을 떠는 아이보다도 더욱더 아름답고 사랑스럽고 한 명 한 명 입술이 너무 사랑스러워서 내가 어쩔 줄을 모르겠단다. 이 딸이 왜 사랑스러운지 아느냐? 너희들과 다른 삶을 살고 있단다.

그래 너희들은 하고 싶은 거 다 하지. 심심하면 TV도 보고 심심하면 밖에 나가서 사 먹고 심심하면 너희들은 하고 싶은 짓 다 하지. 그래 너희들은 하고 싶은 거 다 할 수 있다. 하는 게 당연하지. 왜냐면 너희들은 세상에 속한 자들이니까. 세상을 버릴 이유가 없단다. 그렇지? 그렇지 않느냐? 너희들은 세상을 버릴 이유가 없다. 왜냐하면, 너희들은 세상이 당연히 좋을 수밖에 없단다…. 너희는 육체가 원하는 대로 할 수밖에 없는 존재니까. 그것을 이기는 게 얼마나 힘든 줄 아느냐? 내 딸은 너희들이 가지고 오는 모든 좋은 음식을 먹는 줄 아느냐? "제 거 받으세요. 이거 제가 사 온 거예요. 생각해서 샀어요. 이거 입고 저 좀 축복해 주세요." 이렇게 가지고 오는 모든 것을 가려서 한단다. 어떤 자는 왜 내가 사준 거 안 입지? 내가 사준 거 왜 안 먹지? 왜? 그것 때문에 시험 드는 자도 있단다. "왜 내 거 안 해요? 내 거 왜 안 입으세요?" 그런 말에 휘둘리지 않는단다. 이거 내가 입고 싶었는데 저 사람이 어떻게 알고 사 왔을까? 하나님 감사하다고 덥석 받아서 입에 넣고, 몸에 걸치고, 모든 것을 가지고 소유하지 않는단다. 무엇을 하든지 나한테 물어본단다. 하나님, 내가 이걸 해도 될까요? 하나님, 내가 이거 먹어도 될까요? 내가 이것을 몸에 걸쳐도 될까요? 아버지, 내가 이것을 해도 될까요? 항상 물어본단다. 너희들은 그러지. 하나님이 주시는 거 다 먹고 축복해 주시는 건데 왜 자꾸 가려 싸? 아무거나 먹어도 될 것 같은데 아무거나 먹어도 하나님이 축복 주신다고 했는데, 무엇을 먹든지 해를 받지 않는다고 했는데 왜 자꾸 하지 말라고 그래? 이상한 곳이야. 어휴 허기져. 라면이라도 끓여 먹어야겠다. 너희들끼리 모여서 원망하고 불평할 때 있지? 예배가 끝나자마자 무섭게 허기를 채우기 위해서 부엌으로 달려가 라면을 끓여 먹거나 간식을 사다가 먹지.

내 딸은 그 많은 사람들이 가져온 모든 간식거리, 모든 입맛 다실 거리, 좋은 음식들을 함부로 먹지 않는단다. 없어서 못 먹는 것이 아니요, 있어도 절대로 아무거나 입에 넣지 않는단다. 하나님, 이걸 먹어도 될까요? 이것이 제 영에 유익이 될까요? 하나님 제가 이것을 먹고 영계의 세계에 혹여나 마이너스 되지 않을까요? 이것을 먹으므로 내가 하나님과 조금이라도 멀어지지 않을까요? 이것이 저에게 독이 되지 않을까요? 제가 쌓아놓은 모든 것이 먹는 거 하나에 허물어지지 않을까요? 하나님, 내가 이것을 해도 될까요? 저것을 할까요? 무엇을 할까요? 매사에 물어본단다.

내 딸이 왜 나에게 칭찬받는 줄 아느냐? 내 딸은 그 행동 하나,

먹는 것 하나, 말하는 것 하나, 그 어떤 것 하나도 물어보지 않고 하지 않는단다. 내 딸은 이미 천국의 모든 장부와 지옥의 모든 것을 보았단다. 그것을 다 보니까 내가 하나하나를 다 기록하고 다 정리하고 모든 것을 알고 있다는 걸 내 딸이 알고 나니 행동 하나하나가 조심스럽지 않겠느냐? 모든 걸 다 아는데 어찌하여 모르는 자처럼 살겠느냐? 무식한 게 용감하다고 아무거나 먹고 아무거나 걸치는 너희와 같겠느냐? 매사에 조심스럽고 매사에 나를 기쁘게 할 수 있는 일만 골라서 하는 내 딸과 무엇이든 해도 되고 무엇이든 하면 해가 될 것이 없다고 생각하는 너희와 어떻게 같겠느냐?

나는 너희가 내 딸처럼 권능도 있고 윤리의식의 능력도 있고 영안이 열려서 모든 복을 누리기 원한다. 그러나 내 딸처럼 할 수 있겠느냐? 먹고 싶은 거 안 먹고 세상과 등지고 보고 싶은 거 안 보고 가고 싶은데 안 가고 때로는 사람들한테 이상하다고 손가락질당하고 비판을 당하고 참으로 비방 거리가 될 때가 있을 때도 움직이지 않는단다. 내 딸은 "내가 하지 마라. 먹지 마라. 이건 안된다. 이거는 왜 안 되냐면 너를 더럽게 하는 것이란다." 하나하나 내가 가르쳐면 "하나님, 이거 왜 안 됩니까? 하나님, 가르쳐 주세요. 안 되는 것은 왜 안 되는지도 가르쳐 주세요. 제가 안 되는 이유를 알아야 다른 사람에게도 안 되는 이유를 설명하지 않겠습니까? 가르쳐 주세요. 하나님, 나는 하나님이 먹지 말라는 거 안 먹겠습니다. 그렇지만 하나님, 왜 안 되는지도 가르쳐 주십시오. 하나님, 이거 왜 입으면 안 됩니까? 이것이 제게 어떤 해가 됩니까? 가르쳐 주세요."

매사에 배우려고 한단다. "하나님, 왜 안 되는지 가르쳐 주세요. 이거는 왜 안 됩니까? 하나님 가르쳐 주세요. 하나님 나는 잘 모르겠어요. 가르쳐 주세요" 애기가 "엄마 이거 왜 안 돼요? 엄마 가르쳐 주세요." 너희들 자녀가 그렇게 물으면 "아무 소리 하지 말고 먹어. 아무 소리 하지 말고 입어. 아무 소리 하지 말고 하지 마." 너희들은 그렇게 얘기하지. 너희들은 자녀에게 "왜라는 말 말하지 마. 귀찮아. 그냥 하라는 대로 해." 그렇게 명령하지. 나는 자비하신 하나님이다. 자녀가 왜 그래요? 하나님 가르쳐 주세요. 그러면 내가 "너는 하라는 대로 해" 이렇게 하겠느냐? 나와 내 딸과는 끊임없이 대화한단다. "딸아, 그거는 너에게 주는 뇌물이란다. 그걸 먹으면 네가 올무에 걸린단다. 지금 먹으려고 하는 그것은 널 살찌게 한단다. 그거 많이 먹으면 너 또 살찐다. 딸아 그걸 먹으면 네가 오늘 새벽 제단에서 말씀을 전할 때 강하게 나가지 못한단다. 네 영혼을 좀 먹게 한단다. 그 옷을 입으면 네가 아름답지 않겠구나. 네가 그 신발을 신으면 더 발이 아플 것 같구나." 그렇게 하면서 내가 다 알려 준단다. 너희들은 나한테 물어보고 하느냐? "하나님, 나 이거 해도 돼요?" 이렇게 물어보면 내가 "안 된다" 그러면, "왜요? 나 이거 입고 싶어요. 입을래요." 너는 그렇게 하지. "나 이거 하고 싶었단 말이에요. 왜 안 돼요? 하나님 왜 이렇게 날 불편하게 해요. 왜 내가 하고 싶은 대로 못 하게 해요?

하나님, 나 하나님을 알면 알수록 불편해요. 내 마음대로 하고 싶어요. 내 마음대로 하는 게 편해요. 하나님을 알면 알수록 불편해요. 왜 이렇게 어려워요? 하나님을 모를 때가 더 편했어요. 왜 이렇게 물어보라고 해요? 난 내 마음대로 하고 싶은데……" 너희들은 그렇게 하지.

내 딸은 나한테 물어보고, 하지 말라면 하지 않고, 하라면 하고, 그게 너무 편하단다. 그리고 안 되는 이유를 묻는 것도, 하고 싶은데 왜 안 되느냐는 그런 말투가 아니란다. "하나님 가르쳐 주세요. 하나님, 왜 안 되는지. 그래서 그렇군요. 하나님 감사합니다. 하나님이 나를 이렇게 사랑해서 안 된다고 하셨는데, 아유 감사합니다. "하나님. 하나님, 나는 하나님한테 묻고 대답 듣는 게 너무 좋아요." 그렇게 대화를 한단다. 너희는 너희들 마음대로 하니까 참으로 편하다고 느끼지. 그 편한 것이 누구를 위한 것이냐? 가만히 곰곰이 생각해 보아라.

너희들이 하고 싶은 대로 행동하는 것이 누구를 위한 것이냐? 나를 위한 것이냐? 너의 육체를 위한 것이냐? 너의 육체를 위한 것은 또한 누구를 위한 것이냐? 나를 위한 것이냐 사단을 위한 것이냐? 자세히 생각해 보아라. 곰곰이 생각해 보아라. 깊이 생각해 보아라. 너희가 원하는 것이 누구를 위한 것인지 생각해 보아라. 아침에 눈을 뜨면 너희들은 아무 생각 없이 너희 육체가 원하는 대로 하지? 아무 생각 없이 말을 뱉지. 너희는 육체가 원하는 대로 먹고 마시고 가고 싶은데 가지. 보고 싶은 거 보지. 그것이 얼마나 죄악 덩어리인 줄 아느냐?

너희 육체는 무엇으로 만들어졌느냐? 흙이다 흙. 흙은 썩은 것이다. 너희 육체가 원하는 것들은 다 썩는 것이란다. 내 딸은 너희와 똑같이 흙으로 만들어졌고 내가 너희에게 생기를 불어넣은 것처럼 내 딸도 똑같이 내가 생기를 불어넣었다. 너희와 내 딸이 다른 점이 무엇인 줄 아느냐? 내 음성을 듣고 따르는 것이란다. 너희는 내 음성을 듣지를 못한다. 듣지를 못한다. 간혹 듣는다 하더라도 너희는 내 뜻대로 하지 않는다. 너희 육체가 원하는 대로 한단다. 무심코 아무렇지도 않게 너희 육체가 원하는 대로 행하고 너희 육체가 원하는 대로 간단다. 지금 목사들이 왜 타락한 줄 아느냐? 그것을 분별하지를 못한다. 모이면 회를 먹고 모이면 고기 먹고 모이면 골프 치러 가고 모이면 영화도 보고 모이면 맛있는 거 좋은 거 다 찾아다니지. 그 좋은 거 찾아다니는 거 누구를 위한 것이냐? 자세히 곰곰이 생각해 보아라 세상 사람들이 왜 교회를 비방하는 줄 아느냐?

좋은 음식 먹고 좋은 차 타고 좋은 여행 다니는 그 교회의 사람들을 볼 때 덕이 안 된단다. 내가 언제 너희들 보고 잘 먹고 잘 살고 좋은 곳 찾아 다니라고 했느냐? 내가 너희들에게 축복을 누리라고 했지 그 누리라고 한 것이 그렇게 하라고 한 게 아니란다. 나는 너희들에게 헐벗고 가난하고 소외되고 부모가 없어서 먹을 것이 없고 자식이 있어도 공경 받지 못해서 하루 세끼를 찾아 먹지 못하는 독거 노인들이 얼마나 많은지. 일하고 싶어도 일자리가 없어서 떠도는 사람들이 얼마나 많은지, 하루 세끼를 못 먹어서 배를 곯고 있는 사람이 얼마나 많은지, 나는 너희들에게 축복을 준다. 많은 축복을 주길 원한다.

　OO 장로야 내가 너에게 많은 축복을 줄 것이다. 그걸 가지고 잘 먹고 배부르고 좋은 생활하라고 주는 게 아니다. 참으로 내가 하지 못하는 일들을 너희를 통해서 하고 싶구나. 너무나 불쌍하고 가난하고 못 먹고 못 배운 사람들이 얼마나 많은지, 이 나라에도 창궐하지만, 저 북쪽에는 더 많고, 눈 돌릴 필요 없단다.

　그 많은 사람들이 배를 곯고 추운 데서 잠을 자고 한데 서있고 헐벗고 많은 손길을 기다리지만 그들을 찾아가는 자들이 누구인 줄 아느냐? 내 이름으로 가는 자들이 아니라 회사에서 자원봉사하는 팀들이 가고 세상에서 복지단체들이 간단다. 세상 사람들이 하는 일들이 원래 내가 너희들에게 부탁한 일들이 아니더냐? 전도한답시고 교회에서 갖은 전도 용품을 다 만들어서 길바닥에 뿌리고 그것을 사용해서 하루에 몇 명이 왔다. 한 영혼이 돌아오는 것을 하나님이 이렇게 기뻐하는데 우리 교회는 수십 명이 왔다고 떡을 하고 잔치를 하고 그들이 다시 또 교회에 올 것 같으냐? 더 좋은 물건을 갖기 위해 또 다른 교회를 가지 않겠느냐? 그들은 배고프지 않다.

　그들은 무엇 하나 받기를 원하는 자들이지. 정말로 가난하고 소외된 자들을 너희들이 찾아야 한단다. 그들은 드러내놓고 있지 않단다. 그들의 마음속에 너무나 냉랭한 마음이 있어서 추워서 따뜻한 빛을 기다리고 있지…. 스스로 나가서 빛을 찾을 자신도 없고 용기도 없다. 그들을 너희가 찾아내야 한다. 너희들 눈에는 지금 보이지 않는다. 왜 안 보이냐면 너희는 너희 것으로만 가득 차 있기 때문이다. 너희 육체에 원하는 대로만 살고 있기 때문에 좋은 옷이 보이고 좋은 차가 보이고 기름진 음식들이 보이지 헐벗은 사람들이 보이지 않는단다.

> 사람이 마음으로 자기의 길을 계획할지라도 그의 걸음을 인도하시는 이는 여호와시니라 _잠16:9

33. 영적 신부로 준비되기 위한 하나님의 메시지

하나님이 이 시간에 자녀들을 위해 대언하고 싶어 하십니다.

사랑하는 OO야. 네가 온 것을 환영한다. 이 언니를 통하여 천국을 사모하는 마음을 가졌지? 그렇지만 네가 처음 와서 참 힘들어 했던걸 내가 안다. 들리지도 않고 알아들을 수 없는 말로 너무나 지루하고 힘들다고 네가 불평했지? 집에 가고 싶다고 했지? 네 마음을 안다. 그렇지만 그 마음을 이기고 네가 은혜받기를 사모했지. 나는 네가 이곳에 온 것이 참으로 기쁘구나. 미국에서 외롭고 힘든 생활에서 본국에 돌아와서 부모의 품처럼 이곳에 네가 안겨주기를 원한다. 네가 남은 기간도 내 은혜 받기를 사모했으면 좋겠구나. 나는 네가 아름다운 신부로 준비되길 원한다. 너희 부부는 세상과 구별된 사람이 되어야 한단다. 다니엘과 같은 이 시대에 정치계에 쓰임받는 자들이 되게 만들 것이다. 이 나라의 부패한 그것들을 소독하는 소독제와 같은 역할을 할 것이다. 그것을 위하여 지금 준비하지 않으면 너희 부부가 참으로 가는 길이 힘들고 고난이 될 것이다. 결혼 생활이 가시밭길이 될 것이다. 이곳에서의 너의 결혼 생활이 그 결혼식장에서 밟는 양탄자처럼 금빛이 찬란한 천국으로 인도될 것이다. 네가 준비할 것은 혼수도 아니요, 세상 사람들이 하는 예단이나 드레스가 아니라 너에게 주는 아름다운 행복한 결혼 생활을 위한 준비된 마음이란다. 영적으로 하나 되는 것이 얼마나 힘든 줄 아느냐?

 너희 부모를 보아라. 지금까지도 하나 되지 못하여 너희 엄마가 흘리는 눈물이 얼마나 큰 강을 이루는지 생각해 보아라. 너희 언니가 흘리는 눈물이 얼마나 피눈물인 줄 아느냐? 부부가 하나 되는 게 얼마나 어려운 줄 아느냐? 내 딸을 보아라. 내 딸은 지금도 얼마나 힘든 줄 아느냐? 그 남편 때문에 받는 고통이 얼마나 괴로운 줄 아느냐? 그 괴로움이 얼마나 힘든지 결혼 전에 준비되지 않으면 결혼한 이후에는 굉장히 그것들을 고치기가 어렵단다. 나는 네가 그 길을 걷지 않기를 원한다. "주님 감사합니다."

 그런즉 너희는 먼저 그의 나라와 그의 의를 구하라 그리하면 이 모든 것을 너희에게 더하시리라 _마6:33

 "너희가 눈으로 죄를 범하는 것이 얼마나 많은지 생각해 보아라. 너희들이 그냥 무심코 틀어놓는 TV 하나만 생각해 봐도 얼마나 많은 죄가 들어오는지, 너희들이 항상 조심해야 할 것은 항상 싸워야 한다는 의식을 갖고 있어라. 나는 너희들에게 텔레비전을 아예 보지 말라는 것을 말하는 것이 아니다. 너희들 정신병원에 한 번 가 보아라. 그 정신병 환자들의 눈을 한 번 들여다보거라. 눈동자가 어디로 가 있느냐? 그 눈동자가 초점이 있느냐? TV를 바라볼 때 그런 눈으로 너희들이 바라본다. 아무 생각 없이 초점이 흐려진 모습으로 바라본다. 그럴 때 너의 영의 눈은 완전히 감겨버린단다. 가장 좋은 것은 아예 보지 않는 것이란다. 나는 너희 자녀에게도 보여주지 않기를 원한다.

그 어린아이들에게 TV를 보여주는 것 자체가 너희가 범하는 죄를 그 눈에 넣어주는 것밖에 되지 않는단다. 이 세상의 것들은 너의 것을 빼앗으려고 하는 악한 마귀와 결탁되어 있단다. 천국의 것을 보아라. 너희들이 이것이 얼마나 무서운 것인지 내가 지금부터 보여줄 것이다. 너희가 한순간에 쌓아놓은 것들이 한 편의 영화를 보고 한 편의 드라마를 봄으로써 너희들의 상급이 와르르 무너지는 것을 내가 보여줄 것이다."

이 세상이나 세상에 있는 것들을 사랑하지 말라 누구든지 세상을 사랑하면 아버지의 사랑이 그 안에 있지 아니하니 _요일2:15

34. 천국의 텅 빈 유리성 - 생각으로 짓는 죄!

　가까이 뭔가가 다가오는 느낌이 드는데 한 유리성이 보여요. 완전히 수정으로 된 유리성이에요. 유리성에 도착했어요. 문이 열려있어요. 그 안으로 제가 들어갑니다. 유리성이 아주 투명한 유리성이었는데 제가 그 안으로 들어가니까 깜깜하고 아무것도 보이지 않아요. 사방이 다 검은 벽으로 되어있어요. 완전히 다 검은색 벽이에요. 사방에 불은 켜져 있어요. 밝은데 이 사방의 벽들이 다 까만색이에요. 완전히 까만 페인트를 발라놓은 방안, 완전히 그 성 안이 다 까만 페인트로 칠해져 있어요. 아무것도 없어요. 천장도 까맣고 벽도 까맣고 다 까매요. 밖에는 아주 아름다운 성이었는데 분명히 아름다운 성이었는데 아무리 걸어도 끝없이 걸어도 깜깜한 벽과 천장밖에 보이지 않아요. 제 마음이 갑자기 좀 무섭다는 생각도 들었어요. 이런 곳을 어디까지 가야 하나?

　어디선가 작은 아기 천사 한 명이 제게 다가왔어요. 이 사람이 지금 세상에서 주의 일을 하고 있어 집은 지어졌지만, 그 안에 내부의 것을 지금 할 수가 없대요. 천국의 집은 있지만, 능력을 베풀지 못하고 상급을 받을 만한 행동을 전혀 하지 않는대요. 이곳이 유리성이라고 했잖아요. 이게 지어져 있어서 만약에 지금 당장 천국에 온다면 이 집을 소유할 수 있겠지만, 이것이 그대로 있는 것이 아니라 그 사람이 계속 이 상태로 가고 있기 때문에 이 성이 유리로 만들어져 있어서 한순간에 깨어져 버린다고 합니다. 하나님이 지금 그 사람을 권면해서 기회를 주고 계시지만 이 사람이 지금 이 상태로 계속 가다가 이 집이 완전히 무너져버려요. 기둥이 없는 집처럼 완전히 깨져 버려요. 그러면 이 사람은 천국에 집이 없어요. 아무리 그동안 쌓아놓은 것들이 많다고 하더라도 지금처럼 계속해서 죄를 범하는 행동들이 생겨나면 집을 지탱할 수가 없어요. 깨어진 조각만 볼 수 있어요. 이 사람의 것은 굉장히 높은 성이었다고 했잖아요.

주님 앞에 많은 것을 했어요. 교회도 짓고 날마다 설교도 해요. 목사님이에요. 전도도 많이 하고 기도도 많이 했어요. 성을 많이 쌓았어요. 그렇지만 이분이 하지 않는 것이 딱 하나 있어요. 아까 처음에 말했던 하나님이 처음에 말해주셨던 그 생각의 통로, 생각으로 들어오는 범죄를 완전히 열어놓으셨어요. 생각으로도 들어오는 범죄가 얼마나 큰지 너희들이 알라고 얘기하셔요. 생각으로 들어오는 범죄는 천국에 들어올 수 있는 것들이 아무것도 없대요. 천국에 아름다운 방도 있고 아름다운 가구들이 있지만, 이분은 그런 것들을 준비할 수가 없어요. 생각으로 짓는 범죄가 너무 많아서요. 그것을 그냥 차단하지 않고 열어놓았기 때문에 그것들이 사로잡는 것이 너무 많아요. 그래서 소유할 것도 없고 그 안이 다 까만 것처럼 그렇게 텅 빈 집이 된 것이래요.

> 스스로 속이지 말라 하나님은 업신여김을 받지 아니하시나니 사람이 무엇으로 심든지 그대로 거두리라 자기의 육체를 위하여 심는 자는 육체로부터 썩어질 것을 거두고 성령을 위하여 심는 자는 성령으로부터 영생을 거두리라 _갈6:7-8

또 하나님이 집을 보여주시는데 초가집 같은 집이에요. 천국에도 집이 가지각색이라면서 얘기해 주셔요. 커다란 성도 있지만 작은 집도 있고 나무로 된 집도 있고 지푸라기로 만든 집도 있는데 여긴 지푸라기로 만든 집이에요. 천국의 지푸라기는 세상의 지푸라기와 달라요. 초가집인데 천국의 지푸라기인 황금으로 된 지푸라기로 만든 집이에요. 황금으로 된 초가집이에요. 그 지푸라기로 만든 초가집인데 그 안을 하나님이 들여다보래요. 제가 창문으로 자세히 들여다보니까 그 안에는 백설 공주와 난쟁이의 집처럼 그 집이 굉장히 작은데 그 안에 소꿉장난하는 것처럼 작은 가구들도 있고 그릇들도 많고, 식탁에 포크도 있고, 은수저도 있고, 접시들이 아주 많아요. 그 작은 집에 소품같이 작은 가구가 아주아주 많아요. 마치 인형의 집을 보는 것처럼 그 안을 제가 들여다보는데 너무나 작고 아기자기한 소품들이 굉장히 많아요. 주님이 말씀하세요. 이 자는 생각으로 하는 것들은 선하고 좋은 것이 많대요. 생각으로는 '내가 저 사람을 도왔으면 좋겠다.' '내가 오늘은 이 일을 해야겠구나. 내가 오늘은 주를 위해서 저걸 했으면 좋겠다.' 그런 생각들을 아주아주 많이 해요. 그리고 선한 것들을 찾아요. 자원봉사하는 것들도 찾고 가난하고 어려운 자들을 위해서 생각하는 것들이 많아요. 그들을 위하여 기도하는 것도 많아요. 그렇지만 행위로 올라가는 것이 없어요. 그래서 집이 아주 작고 초가집을 짓고 있는 것이래요.

우리의 천국집은 우리의 행위로 계속해서 지어 올라가고 우리의 생각들은 집 안을 채우고 채운대요. 우리의 기도와 우리의 찬양은 천국집의 안과 밖을 장식하고 준비하는 보석들로 사용된다고 하세요. 집은 수많은 보석과 수많은 가구와 수많은 것들로 다 채워지는데 그것은 생각과 행위와 기도와 찬양과 말씀이 모두 다 완전히 주님 앞에 올라가는 것들이 가득하기 때문에 그렇게 풍성한 것이래요. 하지만 이 작은 초가집에 있는 사람은 생각으로 선한 생각을 하지만 시간이 없다는 핑계, 자기가 하는 일들이 많아서, 분주하기 때문에 행위로는 할 수 있는 것들이 너무 적대요. 그래서 그 작은 집만 소유할 수 밖에 없대요. 반대로 아까 본 목사님의 집은 행위로 하는 것들은 많지만 생각으로 하는 것들은 너무 적고 아무것도 준비할 수 있는 것이 없어서 그냥 그저 텅 빈 집만, 소유할 수밖에 없어요.

> 너희를 위하여 보물을 땅에 쌓아 두지 말라 거기는 좀과 동록이 해하며 도둑이 구멍을 뚫고 도둑질하느니라 오직 너희를 위하여 보물을 하늘에 쌓아 두라 거기는 좀이나 동록이 해하지 못하며 도둑이 구멍을 뚫지도 못하고 도둑질도 못하느니라 _마6:19-20

네가 보거니와 믿음이 그의 행함과 함께 일하고 행함으로 믿음이 온전하게 되었느니라 _약2:22

35. 빛의 자녀와 생명책의 비밀

이제 생명책을 보여주신다면서 저를 데리고 가십니다. 이 생명책을 볼 때 제 마음을 단단히 먹으라고 얘기를 해주셔요. 한 번 생명책에 기록된 자의 이름은 지워지지 않지만, 그 빛이 다 다르다고 합니다. 저를 계속해서 데리고 가요. 가운데로 계속해서 저를 데리고 가요. 제가 어느 한 곳, 중앙에 섰는데 제 주변으로 물웅덩이 같은 것들이 펼쳐져요. 물 같은 것들이 제가 서 있는 그 자리에 이렇게 돌멩이를 던지면 수면에 원이 그려지듯이 제가 서 있는 이 곳을 향하여 계속해서 수면 위에 그려지는 것들이 보이면서 퍼져 나가요.

제가 서 있으니까 그 위로 커다란 책이 펼쳐져요. 이 책이 얼마나 큰지 제가 마치 63 빌딩, 가장 큰 빌딩을 올려다보는 것처럼 책이 제 눈앞에 큰 건물처럼 펼쳐져요. 위아래를 측량할 수가 없고 옆으로도 측량할 수 없는 커다란 책이 펼쳐져요. 책의 모습은 완전히 황금으로 된 빛으로 돼 있어요. 물체로 되어있는 모습이 아니고 제가 만약에 손을 집어넣으면 통과할 수 있을 것처럼 마치 영상물이 눈앞에 펼쳐진 것처럼 빛으로 되어있어요. 천국은 이 생명책에 기록된 자만 들어올 수 있다고 얘기하세요.

> 이기는 자는 이와 같이 흰 옷을 입을 것이요 내가 그 이름을 생명책에서 결코 지우지 아니하고 그 이름을 내 아버지 앞과 그의 천사들 앞에서 시인하리라. _계3:5

 지금 이곳에 앉아 계신 분들의 이름들이 보여요. OOO 형제 이름도 있고 OOO 목사님 이름도 보이고 이름들이 보여요. 그런데 너무 신기한 건요, 이 이름들이 움직여요. 마치 애벌레가 꿈틀꿈틀 하듯이 이름들이 움직여요. 살아서 이름들이 움직여요. 숨 쉬는 것처럼 이름들이 움직여요. 아직 우리가 천국에 도착하지 않았기 때문에 이름들이 살아서 움직여요. 그런데 이 이름들의 움직임이 다 달라요. 그 안에서 빛이 나는 자도 있고 잠시 빛이 흐려졌다가 마치 깜빡깜빡하는 빛이 움직이듯이 빛이 비쳤다가 빛이 사그라졌다가 하는 모습도 보여요.
 어떤 사람의 이름은 살짝 이렇게 불에 그슬린 그런 모습을 했다가 또 조금 있다가 좀 약간 밝아졌다가 이 이름들이 자꾸 수시로 빛이 바뀌어요. 이름들이 다 살아있는데 그렇게 순식간에 빛들이 계속 바뀌어요. 어떤 사람은 완전히 새까매졌다가 서서히 하얘지다가 또다시 아주 새까매졌다가 계속 그것이 반복이 돼요. 어떤 사람의 것은 이렇게 지렁이가 꿈틀거리듯이 꿈틀거리긴 하는데 완전히 까매요. 하나님 말씀하시는데 이 사람의 것은 구원을 얻었지만 지금 완전히 타락한 상태래요.
 이 상태로 숨이 끊어지면 이 생명책에서 이렇게 없어져 버려요.

주님이 말씀하세요. 유다가 천국에 있을까요? 지옥에 있을까요? 우리가 잘 알고 있는 사울 왕이 천국에 있을까요? 지옥에 있을까요? 주님 말씀하셨어요. 하나님을 배신하고 그 숨이 끊어지면 생명책에서도 지워져 버린대요. 우리에게 지금 주신 이 세상에서의 이 시간들은 하나님이 우리에게 주신 기회의 시간이에요. 우리의 끝을 아무도 알 수가 없어요.

범죄 하다가 어떤 사고를 만나거나 우리가 아무 준비할 틈을 갖지 못하고 하나님의 부름을 받으면 생명책에서 그대로 이름이 지워진 상태로 갈 수도 있어요. 그때와 그 시를 우리가 아무도 알 수 없기 때문에 우리가 항상 경계해야 한다고 말씀하셨어요.

그나마 암이나 질병 같은 것으로 죽을 때 그 사람은 돌이키고 회개할 수 있는 기회를 얻지만 우리가 어떻게 죽을지 아무도 알지 못하는 것처럼 그냥 한순간에 가버리면 회개할 기회를 갖지 못해요. 그러면 이 사람은 완전히 그냥 예수님을 배신한 상태로 가기 때문에 천국에 오지 못하고 지옥으로 간대요.

"나는 너희가 살아 움직이는 자녀들이기 때문에 항상 이 생명책에서 빛을 발하는 이름이 되길 원한다. 내가 너희들이 왜 빛의 자녀라고 하는 줄 아느냐? 너희가 세상의 빛이 왜 되는 줄 아느냐? 이 책에 기록된 자들의 이름을 보아라. 빛을 발하는 자들의 빛을 보아라. 이 책에 기록된 이름의 빛처럼 이 사람은 세상에서도 이런 빛을 낸단다. 세상에서 이렇게 빛을 내면 악한 것이 범접하지 못한단다."
이 빛을 나타내는 사람의 이름을 한 예로 하나님이 보여주신다면서 저에게 보여주셔요.

    원장님의 이름을 제게 보여주시는데 완전히 찬란한 빛이에요. 황금으로 된 그 빛이 살아서 움직이는 것이 아주 영롱한 빛처럼 발산해요. 살아 움직이면서 발산을 해요. 아주 찬란한 빛이 그 이름에서 팍팍팍 쏟아져요. 하나님이 기뻐하시는 이 빛이 지금 어떻게 발휘되는지 똑같이 동시에 보여주신다면서 보여주셔요. 몸에서 지금 빛이 엄청나게 발산이 돼요. 이 빛 때문에 악한 것들이 무서워해요. 가는 곳곳마다 악한 마귀들이 두려워하는 것은 이 빛 때문이에요. 이 빛이 얼마나 밝은지 빛이 있으면 어둠이 있지 못하는 것처럼 이 빛이 엄청나게 눈부시고 눈부셔요. 마귀들이 눈이 부시니까 가까이 갈 수가 없어요. 빛이 너무 많아요. OOO 목사님의 빛도 거기서 보여주셔요. 이 빛이 안에서 발산이 되는데 그 안에서 빛이 운행해요. 빛이 막 움직여요. 빛이 발산하려고 움직여요. 목사님의 그 빛이 보여요. 그렇지만 눈부시게 비치는 것이 아니기 때문에 사단이 구경해요. 빛이 눈부시게 비춰야지 이 마귀들이 두려워하는데 두려워하는 수준은 아니고 관망하고 이렇게 지켜보고 있어요.

사람이 등불을 켜서 말 아래에 두지 아니하고 등경 위에 두나니 이러므로 집 안 모든 사람에게 비치느니라 이같이 너희 빛이 사람 앞에 비치게 하여 그들로 너희 착한 행실을 보고 하늘에 계신 너희 아버지께 영광을 돌리게 하라 _마5:15-16

또 하나님이 다른 사람의 것을 보여주시는데 이 사람은 빛은 있지만, 그 안에서 빛이 이렇게 사그라졌다가 또 비쳤다가 사그라졌다가 비쳤다 하니까 사그라들 때 늑대들이 다가와요. 먹이가 있으면 사방에서 다가오잖아요. 빛이 사그라들 때 사단들이 들어가려고 확 공격해요. 그러면은 빛이 또 확 비춰요. 그러면 또 살짝 뒤로 물러났다가 또 사그라들면 이것들이 몰려왔다가 다시 빛이 살짝 비치면 살짝 뒤로 물러나요. 이런 것들이 계속 반복돼요.

이것이 무엇이냐면, 그래도 이 사람은 계속 예배의 자리에 나오고 기도를 해요. 그렇지만 계속 유지하지 못하고 꺼졌다 켜졌다를 반복해요. 상황에 따라 꺼질 듯 말 듯 한 불과 같은 상태예요. 그래서 사단들이 이 틈을 노려요. 틈만 잡으면 그 안에 들어가서 사그라지고 켜지고 하는 이것들이 무엇이냐면 우리가 계속해서 이 세상에 생각을 열어놓고 세상에 속해서 우리가 하는 모든 행위가 빛을 발산하지 못하는 것들이라고 가르쳐 주셔요.

어떤 사람은 발이 깊은 늪 같은 곳에 빠져 있어요. 까만 발이 이렇게 시궁창 같은데 빠져 있어요. 몸에는 빛이 있지만, 그 발에서부터 계속해서 검은 것들이 올라와요. 그 안에 빛이 있지만, 그 발에서부터 계속 검은 것들이, 시궁창 같은 것들이 그 발을 타고 계속 올라와요. 이 사람이 발을 빼지를 않아요. 빼려고 살짝 들기만 하지 빼려고 발버둥 치지 않아요. 왜냐면 그 발에서 즐거움을 느껴요. 그 발 안에 사람이 즐거워하는 것들이 있어요. 스스로 뺄까 말까 생각만 하며 빠질 않아요. 즐거우니까 생각하지 않고 그냥 뭉갠다는 느껌이 있어요. 그런데 그것들이 자기도 모르게 계속 타고 몸속으로 들어와요. 계속해서 그 사람을 점점 더 늪같이 빨아들여요. 그런데 이 사람은 몰라요. 왜냐면 자기 몸에 빛이 있기 때문에 괜찮다고 생각해요. '나는 아무렇지도 않아. 언제든지 빠져나올 수 있어.' 이렇게 생각하고 있어요. '내가 마음만 먹으면 언제든지 빠져나올 수 있어.' 이렇게 생각하면서 계속 담그고 있어요. 자기가 몰라요. 그것이 자기 몸 안에 스며들고 있다는 걸 몰라요. 자기가 언제든지 빼면 된다고 생각하고 있어요. 이것들이 우리가 쉽게 범죄하고 있는 모습이래요.

나는 이거 한 편만 보면 돼. 이거 하나 가지고 뭐 무슨 큰일이 있겠어. 내가 이곳에 간다고 무슨 일이 있겠어? 괜찮아 이것쯤은 괜찮아. 이거 하나만 보면 돼. 이거 하나만 먹으면 돼. 이거 한 가지 정도는 괜찮아. 이거 한 잔은 먹어도 괜찮아. 이거 한 잔 가지고 무슨 일이 있겠어? 이렇게 하면서 한 발을 그 안에 계속 머무르고 있어요. 그것들이 우리 몸에 들어오면 이것이 사단의 밥이기 때문에 사단이 이 밥을 먹으러 들어와요. 임신한 여인의 배 속에 아기가 잉태된 것처럼 이 사람의 몸속에 들어와서 자라가요. 그래서 그것들이 자라나요.

엄마와 아이가 혈액형이 다른 것처럼 완전히 다른 생명체가 이 사람의 몸 안에서 그렇게 계속해서 자라요. 이 사람의 몸은 빛이었지만 그 몸속에 들어온 또 다른 생명체 그것은 완전히 까만 사단인데 그것이 계속 자라니까 이 사람의 몸을 완전히 장악하면 점점 더 커져 버려요. 왜냐하면 그 발을 통해서 먹는 것이 계속해서 공급되기 때문에 이 뱃속에서 이것들이 계속해서 자라요. 우리가 사망에서 잉태되고 아담으로부터 온 원죄가 우리 몸 안에 있기 때문에 우리 몸 안에는 이런 것들이 다 들어있어요. 그런데 우리가 이 통로를 열어주면 계속해서 그 엄마의 뱃속에서 탯줄을 통해서 그 아이가 자라는 것처럼 우리 몸 안에 우리 육체 안에 그 죄악 덩어리가 계속해서 영양분처럼 공급되니까 우리 몸 안에서 이것들이 계속 자라요. 너무너무 크게 자라요. 어떤 사람은 이것들이 완전히 장악을 해버렸어요. 본인의 것은 하나도 없어요.

우리 모두 다 빛의 자녀이지만 사단이 완전히 장악을 해버려요. 어떤 사람들은 너무나 많아서 너무 크기 때문에 계속해서 뽑아서 나가야 하는데도 불구하고 그 발을 계속 담그고 있어서 자라고 또 자라요, 이 출구를 차단하지 않으면 이것들은 계속 자라가요. '우리가 하나만 해도 되겠지. 이거 한 가지면 돼. 괜찮아.' 그 사이에 계속 계속 자라가요. 그래서 계속 경계하라고 하고 우리를 향하여 훈계하고 가르치는 이유가 그것이에요.

왜 먹는 거 하나에도 조심하라고 하냐면 출입구를 열어놓기 때문에 완전히 다 닫혀 있어서 자라갈 수가 없어요. 우리랑 똑같은 성정을 가진 사람인데 왜 없겠어요. 이것을 차단한 지가 너무 오래됐기 때문에 이것들이 아무것도 없어요. 그 안의 것들이 아무것도 없어요.

주의 약속은 어떤 이들이 더디다고 생각하는 것 같이 더딘 것이 아니라 오직 주께서는 너희를 대하여 오래 참으사 아무도 멸망하지 아니하고 다 회개하기에 이르기를 원하시느니라 _벧후3:9

하나님이여 내 속에 정한 마음을 창조하시고 내 안에 정직한 영을 새롭게 하소서 _시51:10

36. 영적 구멍 차단, 소독제 - 회개의 영

이것들이 또 알을 까요. 구더기같이 온몸에 퍼져요. 배 안에만 있던 것들이 퍼져서 등에도 붙어 있고 목에도 붙어 있어요. 계속해서 몸 구석구석에다가 또 알을 까고 구더기가 퍼져나가듯이 눈에도 가득가득해요. 그럼 이 구더기 같은 것들이 눈 밖으로 튀어나가요. 그러면 그 튀어나간 그곳으로 또 그 악한 것들이 영양분을 받으려고 들어와요. 눈을 통해서도 들어오고 입을 통해서도 들어와요. 이 구더기들은 계속 문밖에 있는 것들을 찾기 위해서 계속해서 출구를 더 열어놓는 역할을 해요.

발에서만 들어왔던 그것이 이제는 사방에 구더기들이 구멍을 파서 마치, 비닐봉지에 구멍이 뻥 뻥 뻥 뚫려, 그만큼 그 더러운 물들이 비닐봉지 안으로 다 들어오는데, 사방에서 들어와요. 그러면 언제 빛이 있었느냐 싶게, 완전히 장악해요. 그 구멍을 통해서 사단들이 들어와요. 너무 많이 들어와서 너무 힘들어요. "이것들을 막을 수 있는 방법을 가르쳐 주세요." 하나님께서 막는 방법을 가르쳐 주세요. 이런 상태에 있는 사람이 뚫린 구멍을 막을 방법은 딱 한 가지, 회개의 영을 달라고 하래요.

만일 우리가 우리 죄를 자백하면 그는 미쁘시고 의로우사 우리 죄를 사하시며 우리를 모든 불의에서 깨끗하게 하실 것이요 _요일1:9

우리가 구멍이 나면 테이프로 막잖아요. 그런데 테이프로 막는 정도가 아니고 회개의 영을 주시면 하나님이 새로운 것으로 입혀주셔요. 회개의 영을 달라고 하래요. 그러면 마치 소독제를 온몸에 뿌리면 그 안에 모든 구더기들이 다 죽어가는 것처럼 소독제를 뿌려주세요. 그러면 구더기들이 소독제를 먹고 다 죽어요. 서서히 죽는 게 아니고 일 시간에 다 죽어요. 몸 안에 있는 것들도 서서히 서서히 빠져나가요. 회개의 영을 달라고 기도하래요. 소독제, 살충제 역할을 해요. 이것들이 계속해서 빠져나갈 때까지 죽을 때까지 계속해서 회개의 영을 달라고 해야 해요. 우리가 알지 못하는 죄가 너무 많기 때문에 계속해서 회개의 영을 부어달라고 기도해야 되는 이유가 이것이라고 말씀하세요.

그러므로 너희가 회개하고 돌이켜 너희 죄 없이 함을 받으라 이같이 하면 새롭게 되는 날이 주 앞으로부터 이를 것이요 _행3:19

그리고 반드시 해야 할 것은 그 통로를 완전히 차단하려면 그 발을 완전히 빼야 돼요. 즐거움이 있다고 그 발을 계속 담그고 있으면 회개의 영이 아무리 임해도 회개하지 못하고 계속해서 그 영양분을 받고 들어오기 때문에 그 발을 완전히 빼야 해요. 어떤 자에게는 이것이 음란이고, 어떤 자에게 이것이 쾌락이에요. 어떤 자에게는 이것이 자녀이기도 해요. 자녀에게 받는 그것 때문에 이것을 빼지 못하는 거예요. 어떤 자에게는 이게 재물이고, 어떤 자에게는 명

예, 교만, 사람들에게 보이기 위한 것들, 겉치레, 어떤 사람은 유교 사상, 예의범절 이런 것 때문에 빼지를 못해요.

어떤 사람은 이것이 그 외 부모에게 있는 것들이기도 해요. 너무 많아요. 부모의 말이면 다 순종해야 되니까 어쩔 수 없이 다 끌려가요. 우리가 알지도 못하는 것들이 너무 많아요. 이 통로를 차단하지 않으면 계속해서 죄에게 영양분을 주는 거래요.

예수께서 또 말씀하여 이르시되 나는 세상의 빛이니 나를 따르는 자는 어둠에 다니지 아니하고 생명의 빛을 얻으리라 _요8:12

그런즉 너희는 하나님께 복종할지어다 마귀를 대적하라 그리하면 너희를 피하리라 _약4:7

37. 승리의 비결과 동행의 축복

　너희가 늘 갖고 있는 핸드폰을 가지고도 그 틈을 줄 수도 있단다. 너희가 보는 책에서도 올 수 있단다. 나는 너희가 스스로 그 답을 찾길 원한단다. 너에게 주는 즐거움이 나로부터 온 것인지 이 세상에서 온 것인지 분별하길 원한단다. 그것은 어렵지 않아. 너희 스스로 알고 있어.

　잠을 너무 많이 자는 것도 좋지 않은 것이란다. 나는 너희가 영으로 깨어서 나를 만나길 원한다. 게으르지 말고 부지런한 자가 되어라. 시간을 아끼고 일을 지켜라. 그 시간 가운데 나와 동행하는 시간이 더 많길 바란단다. 나는 똑같이 24시간을 주었다. 너희가 얼마나 많은 시간을 어떻게 사용하는지 또 살펴보고 살펴보아라. 나는 너희에게 준 칼이 무뎌지지 않기를 바란다. 너희들이 성령의 검을 가졌지만 없는 자처럼 살아가고 있는 것이 참으로 안타깝단다. 너희가 가진 칼은 능력의 칼이요, 어떤 사단도 살아서 돌아갈 수 없을 만큼 강력한 힘을 가지고 있단다.

　　마귀에게 틈을 주지 말라 _엡4:27

　　부지런하여 게으르지 말고 열심을 품고 주를 섬기라 _롬12:11

> 하나님의 말씀은 살아 있고 활력이 있어 좌우에 날선 어떤 검보다도 예리하여 혼과 영과 및 관절과 골수를 찔러 쪼개기까지 하며 또 마음의 생각과 뜻을 판단하나니 _히4:12

내 딸과 너희들이 다른 점은 내 딸은 사용하는 것이고, 너희들은 갖고만 있는 것이란다. 내 딸은 이 칼을 날마다 사용하기에 너무나 예리하고 너무나 강력하고 파장이 말할 수 없이 크단다. 그러나 너희들이 가진 것은 아무 능력이 나타나지도 않고 사단이 오히려 깔보고 얕본단다. 사용해라. 날마다 날마다 그것을 뽑아서 사용해라. 사용하면 사용할수록 예리해지는 것을 느낄 것이다. 어떤 사람과 얘기를 할 때도 마음속으로는 그 칼을 뽑아 들어라. 누구와 함께 길을 간다 할지라도, 무엇을 본다 할지라도, TV를 보거나 핸드폰을 가지고 무엇을 하든지, 또 이 세상을 걸어갈 때 건물을 보거나, 간판을 보거나 무엇을 보든지, 너희들은 이 칼을 뽑아 들고 항상 쳐내고 찌르고 무찔러야 하느니라.

너희가 가만히 있을 때, 그냥 무의식 상태로 있을 때 그것들은 언제든지 너에게 틈을 탄단다. 나는 너희가 날마다 승리하기를 응원한단다. 날마다 응원하고 있지. 내가 너희 대신 위해 싸워줄 수 없는 이유는 나는 너희를 위하여 대신 살아줄 수 없지 않으냐? 내가 너희를 지키고 있지만, 너희를 대신하여 싸울 수는 없다. 나는 너희들에게 그 권세와 능력과 무기를 다 주었다. 내가 너희를 응원하지만, 너희가 직접 싸워야 하느니라. 너희가 내 응원 소리를 듣고 날마다 싸워서 승리하기를 바란다. 나의 사랑하는 자들아. 너희들은 영적 군사니라. 너희들은 영적 군병들이라. 너희들은 영적 파수꾼들이라. 깨어서 눈을 부릅뜨고 날마다 싸워서 승리하거라. 너희들은 승리할 수 있단다.

내가 너희들에게 승리의 함성을 날마다 불러주고 들려줄 것이다. 그 함성은 천군 천사들의 함성이요. 나의 큰 응원 소리란다. 날마다 찬양으로 그것들을 승리하고 이겨나가라. 새벽 제단에 나오는 것을 소홀히 하지 마라. 너희가 눈뜨면 가장 먼저 하는 것이 무엇이냐? 너희가 새벽 제단을 쌓지 않으면 너희가 새벽에 이곳에 나와서 나를 만나지 않으면, 이 세상에 나가면 무엇을 가장 먼저 하느냐? TV를 보거나 신문을 보거나 가정에서 그냥 대화하거나 일상생활을 하다가 그대로 세상 밖으로 나가지 않느냐?

새벽 제단을 쌓으면 그런 것을 할 틈을 주지 않는단다. 그렇지 않느냐? 찬양부터 시작하지 않느냐? 어떤 사람과 대화하기 전에 이곳에 나오는 것을 제일 먼저 하지 않느냐? 그렇기 때문에 너희가 새벽 제단을 쌓으면 그만큼 더 승리할 수 있는 힘과 능력을 가진단다. 너희가 새벽 제단을 쌓을 때 그 능력이 더 갑절로 임한단다. 너희가 새벽 제단을 쌓지 못하는 일이 있게 되더라도 항상 눈을 뜨면 이 전신 갑주를 취하는 것을 잊지 말거라.

너희가 주 안에서와 그 힘의 능력으로 강건하여지고 마귀의 간계를 능히 대적하기 위하여 하나님의 전신 갑주를 입으라 _엡6:10-11

너희들이 항상 승리할 수 있는 비결을 내가 다 가르쳐 주었으니 이제 날마다 날마다 승리의 개가를 불러 넘치기 바란다. 나는 너희가 너무너무 사랑스럽구나. 나는 너희가 내게 조금이라도 다가오려고 하는 그 마음이 너무나 사랑스럽구나. 그렇지만 너희가 스스로 차단하지 않으면 알지도 못하는 사이에 너희가 나랑 멀어진단다. 나는 너희와 멀어지는 것을 원치 않는단다. 날마다 경계하고 싸워서 승리해서 나와 더 가까워지자꾸나. 너희와 나는 참으로 가까울 수 있는 사이란다. 너희와 나는 참으로 날마다 동행할 수 있는 사이란다. 사단은 그것을 질투하고 시기하고 너희와 나를 어떻게든 멀어지게 하려고 호시탐탐 노린단다. 그 틈을 절대로 주지 마라. 그 시기와 질투에 너희들이 넘어가지 말거라. 나는 너희와 늘 동행하고 늘 숨결이 가까이, 어린아이가 부모의 품에 푹 안겨 있듯이 나는 너희를 그렇게 날마다 가까이하길 원한다.

오늘도 내 품에 안긴 자들아, 너희들을 축복한다. 너희에게 축복하는 것은 너의 육이 잘 되는 것이 아니라, 너의 영이 잘 되는 것이 먼저란다. '왜 이곳에 왔는데도 내 육의 문제가 해결되지 않나요?' 그렇게 생각하는 자들이 있다면, 너의 영이 얼마나 지금 많이 축복을 받았는지, 너희가 영안을 열어달라고 해 봐라. 너의 몸에 하늘에서 빛이 이제는 비치기 시작했단다. 꺼져갈 듯 꺼져갔던 악하고 악한 것들이 가득했던 너희 영이 지금 얼마나 빛을 발하고 있는지 이제 알게 될 것이다. 너희가 빛이면, 어찌 너희가 육이 잘되지 않겠느냐?

너희 영이 먼저니라. 영이 잘 돼야만 너의 육이 잘 되는 것이고, 너희 가정이 잘 되는 것이고, 너희 교회가 잘 되는 것이고, 이 모든 나라가 잘 될 수밖에 없단다. 너희가 그것을 성경을 보면 너무나 잘 알지 않느냐? 영으로 사는 왕의 시대는 그 시대가 얼마나 편안하고 평탄하고 승리였느냐? 아합왕의 시대에 얼마나 가뭄이 오고 얼마나 악한 것들이 그 나라를 괴롭히고 그 백성을 괴롭혔느냐?

나는 너희가 영으로 먼저 강건하고 잘 되어서 너희 육과 너의 모든 가정과 너의 모든 것들이 잘 되기를 바라노라. 사랑하고 축복한다. 사랑하는 나의 자녀들아, 너무나, 너무나 사랑한다. 내가 너희들을 축복한다. "주님, 사랑합니다. 주님 감사합니다."

그런즉 너희는 먼저 그의 나라와 그의 의를 구하라 그리하면 이 모든 것을 너희에게 더하시리라 _마6:33

38. 값 있는 기도와 믿음의 비밀

"나의 모든 물과 피를 다 쏟아서 너희를 낳았고 너희를 사랑해서 내 품에 안으려고 나의 모든 것을 다 빼내었다. 나는 너희를 사기 위하여 나의 모든 것을 다 내어서 너희를 샀다. 나는 너희를 빼앗기지 않으려고 나의 모든 것을 다 내어 너희를 샀다. 그것이 어떤 돈과 바꿀 수 있겠느냐? 너희가 알고 있는 세상에 어떤 물질과 바꿀 수 있겠느냐?

하나님이 세상을 이처럼 사랑하사 독생자를 주셨으니 이는 그를 믿는 자마다 멸망하지 않고 영생을 얻게 하려 하심이라 _요3:16

너희가 나의 보혈을 위하여 찬양할 때 내 마음이 가장 기쁘단다. 너희들이 나의 흘린 피를 값없이 여기지 않고 내가 흘린 피를 의지해서 내 피를 밟으며 내가 인도하는 이 길로 달려오는 너의 모습을 볼 때 가장 기쁘고 기쁘구나. 왜 사단 마귀가 보혈을 찬양할 때 무서워하고 떠는 줄 아느냐? 너희가 나에게 안기는 이 길이 유일한 길이기 때문이란다. 어떤 길로도 나에게 달려올 수 없지만 내가 흘린 피를 밟고 내가 흘린 피를 마시는 자는 내 품에 안기어 나의 품에서 영원한 안식을 누릴 수 있단다. 한 아이가 무서워서 떨다가 그 아빠의 품에 안길 때 어떻게 안기겠느냐? 쭈뼛쭈뼛하면서 안기겠느냐? 그래도 느릿느릿 걸어오겠느냐? 아빠를 보자마자 있는 힘껏 달려서 아빠의 품에 팍 안기지 않겠느냐?

너희가 지금 내 품에 그렇게 안기는구나. 세상에서 두려워하다가 지금 내 품에 안긴 너의 모습이 얼마나 아름다운지 내 품에 안겨서 나를 올려다보며 기뻐하는 그 얼굴이 얼마나 사랑스러운지. 내 품에 안겨서 내 가슴에 얼굴을 묻고 "하나님 너무 좋아요. 하나님 너무 편해요. 이제 하나도 안 무서워요. 이제 너무너무 좋아." 고백하는 너희가 너무너무 아름답구나. 너희 모습이 얼마나 사랑스러운지 내가 쓰다듬고 또 쓰다듬고 내 품에 꼭 안고 너희를 쓰다듬는 지금의 이 시간이 얼마나 행복한지 네가 나의 마음을 알고 내가 너의 마음을 안단다. 내가 너를 너무나 사랑한단다. 오늘도 내가 한 영혼을 이렇게 안고 있단다. 내 품에 이렇게 꽉 껴안고 있단다. 그런데도 내 품에 안겨 있으면서도 이게 진짜 주님의 품일까? 또 다른 것이 있지 않을까 의심하였구나. 이것이 내 품이 맞단다. 네가 내 품에 안겨서 내가 더 높은 곳을 보여주려고 했는데, 네 믿음이 아직은 연약하구나. 그냥 나를 따라오면 되는데 내 딸이 인도해 주려고 하는데 네가 이것이 맞을까? 조금 의심을 했구나. 내 딸아, 내 품이 맞단다. 의심하지 마라. 내 품에 안긴 것이 맞단다. 내 품에 의지해라. 내 몸에 기대어라.

내 품에 온전히 기대어라. 온전히 기대면 네가 가는 것이 아니라 내가 이끌고 간단다. 내가 너를 이렇게 안고 간단다. 아빠가 잠든 아이를 안고서 침대로 데려가는 모습처럼 내가 널 이렇게 안고 간단다. 네가 걸어가는 것이 아니라 내가 널 안고 간단다. 안고 올라가서 내가 너를 보여주려고 했다. 내가 너의 집도 보여주고 내가 너의 면류관도 보여주려고 했단다. 너의 눈으로 보여주려고 했고 직접 네가 만져보게 하려 했는데 안타깝구나. 더 많이 보여주려고 했는데 네가 조금의 의심을 했구나. 이것이 내 품이 맞단다. 내가 너를 통하여 보지 못했지만 내가 이 자를 통해서 너에게 보여주겠다. 의심하지 말거라. 네가 지금까지 했던 일들을 내가 다 보았단다.

깨끗하고 사랑하는 딸아. 내가 너의 집을 준비하고 있단다. 이 집은 황금으로 만들어진 집이요. 지금은 3층 아담한 집이란다. 지금 지어 올라가고 있단다. 그러나 사랑하는 딸아. 나는 네가 더 크고 넓은 집을 소유하길 원한다. 너의 기도가 지금 많이 부족하단다. 기도로 더 많이 더 많이 무장하고 무장하길 원한다. 내 귀에 들려주는 기도로 황금으로 된 이 집이 더 아름다운 보석으로 장식된단다. 네 집 창문이 참 밋밋하단다. 내 딸 집의 창문은 얼마나 화려한지 온갖 보석으로 창문이 얼마나 아름다운지 모른단다. 그러나 너의 창문은 아무런 것도 붙어 있지도 않고 밋밋한 창문이란다. 나는 너의 집이 더 아름답게 꾸며지길 원한단다.

내 딸아, 기도 한마디에도 천금을 가진 자처럼 금 같은 기도를 드려라. 믿음을 가지고 기도를 해라. 똑같은 기도를 하더라도 울면서 징징거리면서 하는 기도가 아닌 "이것을 주실 줄 믿습니다. 하나님이 나와 함께 하심을 믿습니다. 하나님이 나를 붙들고 계심을 믿습니다. 하나님이 나를 붙잡아주시는 것을 지금 믿습니다. 하나님이 나와 함께하셔서 나는 너무 기뻐요. 하나님이 나를 지켜주시니 두렵지 않아요. 하나님 내가 지금 이런 상황이지만 하나님이 나를 이곳에서 벗어나게 하실 줄 믿습니다. 그렇게 하는 기도가 값있는 기도란다. 그런 기도가 믿음의 기도란다."

그러므로 내가 너희에게 말하노니 무엇이든지 기도하고 구하는 것은 받은 줄로 믿으라 그리하면 너희에게 그대로 되리라 _막11:24

"하나님, 나 언제 이렇게 돼요? 하나님 나는 언제 이곳에서 빠져 나가요? 하나님 나 너무 괴로워요. 하나님, 도대체 어디 계신 거예요?" 징징거리는 기도는 내 마음을 아프게만 한단다. 그 기도는 너의 집을 장식할 수가 없단다. 내가 너의 기도를 다 듣고 있지만, 그 기도는 너의 집을 장식할 수 있는 기도가 아니란다. 내 딸이 지금 날마다 날마다 값있는 기도를 올린단다. 내 딸은 이 비밀을 깨달았단다. 무릎 꿇고 기도하는 것만 기도가 아니라 숨 쉬면서도 계속해서 기도를 올리는 방법을 그 비밀을 알게 되었단다. 내 딸이 이곳에 와서 얼마나 많은 것을 깨닫고 알았는지 이젠 차를 타고 가더라도 옛날처럼 멍하니 밖을 쳐다보는 것이 아니라 계속 나와 대화한단다. 두 아들이 괴롭히고 참으로 힘들게 하지만 내 딸은 계속해서 나와 대화를 한단다.

그러나 너는 지금 얼마나 편안하느냐? 혼자라는 그것이 힘든 것이지만 이렇게 했을 때 그만큼 나와 대화할 시간이 누구보다도 많지 않느냐? 너는 나와 더 많이 대화하자꾸나. 나는 너와 더 많이, 더 많이 대화하길 원한다. 더 많이 기도하거라. 네가 생각한 것보다 더 많은 시간을 드려라. 네가 생각한 기간보다 더 많이 머물러라. 온전히 새로워져야만 네가 다시 돌아갔을 때 능력 있는 종이 된단다."

이로 말미암아 모든 경건한 자는 주를 만날 기회를 얻어서 주께 기도할지라 진실로 홍수가 범람할지라도 그에게 미치지 못하리이다 _시32:6

39. 의심을 버리고 믿음의 우산을 접어라

"사랑하는 OO 목사야. 너는 아직도 마음이 완악하구나. 네가 수많은 대언을 듣지만 네 마음에 취할 것은 취하고 버릴 것은 버린단다. 아직도 너는 의심하고 있구나. 저것이 하나님이 말씀하시는 것이 아니라 저 사모의 생각을 통하여 생각으로 말하고 있구나. 저것은 버려야겠구나. 저것은 하나님이 하는 게 맞구나. 네가 이렇게 판단하고 버릴 것은 버리고 취할 것은 취하는구나. 목사야 어느 때까지 그렇게 하려느냐? 나는 너를 통하여 일하고 싶지만 너는 지금도 판단하고 있구나. 그 판단이 멈출 때 내가 너를 쓸 수 있단다. 너는 아직도 의심이 너무나 많구나. 사랑하는 OO 목사야 의심하지 말라. 나는 너에게도 들려주고 싶지만 지금 의심하는 그것이 너의 모든 것을 막으려고 한단다. 의심하지 말고 믿음을 가져라. 모든 자들도 마찬가지란다. 의심이 조금이라도 있으면 나는 너희들에게 말할 수 없단다. 들을 수 없단다. 겨자씨만 한 믿음이 있으면 왜 이 산을 옮겨 저 산으로 가라고 하지 않겠느냐?

예수께서 대답하여 이르시되 내가 진실로 너희에게 이르노니 만일 너희가 믿음이 있고 의심하지 아니하면 이 무화과나무에게 된 이런 일만 할 뿐 아니라 이 산더러 들려 바다에 던져지라 하여도 될 것이요 _마21:21

그러나 의심이 겨자씨만큼 있어도 그것은 큰 믿음이 아니란다. 나는 너희가 온전한 믿음을 갖길 원한다. 금 같은 믿음을 갖길 원한다. 금에는 불순물이 들어갈 수 없지. 나는 너희가 아무런 불순물이 없는, 의심하지 않는 금 같은 믿음을 소유한 자가 되길 원한다. 금 같은 믿음이 있는 자만이, 큰 믿음을 가진 자만이 능력 있는 종이 될 수 있고 내 말을 온전히 전할 수 있단다."

믿음이 없이는 하나님을 기쁘시게 하지 못하나니 하나님께 나아가는 자는 반드시 그가 계신 것과 또한 그가 자기를 찾는 자들에게 상 주시는 이심을 믿어야 할지니라 _히11:6

40. "두려움의 우산을 버려라.
찬양과 믿음으로 능력의 종이 돼라."

　큰 우산을 보여주세요. 아주 길고 큰 우산을 보여주시는데 검은색이에요. 장우산인데 돌돌 말려서 잘 정리되어 있어요. 그런데 하나님이 이것을 펴라고 하세요. 이것을 제가 손으로 탁 펴니까 크고 검은색 우산에 구멍이 얼마나 많이 났는지 구멍이 숭숭 나 있어요. 이 구멍 난 우산을 OOO 목사님이 쓰고 계세요. 이것을 쓰고 기뻐하며 춤을 추고 계세요. 춤을 추면서 너무 기뻐하세요. 각설이 같은 그런 춤을 굉장히 기뻐하며 추셔요. 소유했다고 가졌다고 너무 좋아하면서 춤을 추셔요.
　"사랑하는 아들아. 네가 가진 것은 진짜 검이 아니란다. 너의 칼은 손잡이만 있는 것이지. 너의 검이 참으로 짧고 잘린 검이구나. 그것을 버리고 새 칼을 받아라. 그것을 버리고 새 칼을 받아라. 네가 처음에 여기 왔을 때는 비닐우산을 쓰고 있었지. 그래서 밖을 볼 수는 있고 들을 수는 있었지만 네 몸에 하나도 받을 수 없었지. 지금은 이 우산을 쓰고 있어서 네 몸에 나의 성령의 단비를 받고 있지. 하지만, 그 조금 받는 것으로 너는 기뻐하며 춤추고 있구나!
　사랑하는 아들아 나는 네 그 우산을 완전히 버렸으면 좋겠구나. 나의 생명의 물, 내려오는 축복의 비, 성령의 단비를 완전히 네 몸에 적셔라. 내 딸을 보아라. 온몸으로 이 폭포수에 들어와서 완전히 잠기지 않았느냐. 내 딸은 날마다 이 폭포수에서 목욕한단다. 머리부터 발끝까지 이 물을 날마다 마시고 먹고 마시고 먹고 마시고 있단다. 그 두 아들이 날마다 귀찮게 하고 얼마나 힘들게 하느냐? 잠도 제대로 못 자게 한단다. 이 딸이 얼마나 잠이 부족한 줄 아느냐? 너무나 힘들게 한단다. 그럼에도 불구하고 이 딸이 얼마나 생명이 넘치냐? 내 딸이 날마다 생기가 넘치는 이유는 이 제단에서 내려오는 생명의 폭포수에서 날마다 마시고 날마다 목욕하고 날마다 충만하기 때문에 그 힘든 상황이지만 이 딸이 생기가 넘친단다. 그 남편이 얼마나 힘들게 하느냐? 도와주지도 않고 말 한마디에도 얼마나 가시가 찔리는 말을 하는 줄 아느냐? 그렇지만 얼마나 행복하게 이곳에서 지내고 있느냐? 사랑하는 아들아, 받은 것을 기뻐하지 말고 더 많은 것을 받기 위하여 그 우산을 완전히 버려라.

너도 마찬가지다. 믿음의 기도를 더 많이 해라. 네가 찬양을 할 때 내 마음이 참으로 기뻤단다. 사랑하는 OOO 목사야. 왜 찬양을 다시 멈추었느냐? 찬양을 더 많이 불러라. 개척하더라도 너는 찬양을 많이 불러야 한단다. 너와 네 아내가 무엇 때문에 싸웠느냐? 너는 찬양을 할 때 박자를 못 맞추고 네 아내는 정확한 박자를 원하고 그 사소한 것 때문에 싸운 것이 얼마나 많으냐? 사랑하는 아들아. 나는 네가 찬양의 권세를 갖길 원한다. 네가 박자를 못 맞추고 참으로 아둔하다고 생각하여 자꾸 입을 닫지 말라. 박자를 못 맞춰도 괜찮다. 나는 너의 찬양을 참으로 금 있는 찬양으로 받길 원한단다.

사랑하는 아들아. 너는 어찌하여 설교를 할 때 사람의 눈동자를 보지 못하느냐? 청중을 향하여 보지 못하느냐? 왜 그러는 줄 아느냐? 사람을 의식하는 게 있단다. 사람의 눈을 똑바로 보지 못하는 두려움이 있단다. 네가 그것을 뽑아버리길 원한다. 네가 아무리 능력 있는 말을 하려고 하더라도 사람의 눈을 맞추지 않고 네 마음에 두려움이 있으면 그것이 어떻게 능력 있는 말씀이 되어서 그들의 마음에 박히겠느냐? 그것을 뽑아 달라고 기도해라. 네 마음에 두려움이 있다. 사람들 앞에서 말하는 것에 두려움이 있구나. 그것을 뽑아달라고 기도해라. 사람의 눈을 똑바로 보고 말할 수 있는 능력을 달라고 기도해라. 나는 네가 능력의 종이 되길 원한다."

> 너희 중에 고난 당하는 자가 있느냐 그는 기도할 것이요 즐거워하는 자가 있느냐 그는 찬송할지니라 _약5:13

41. 겸손과 비움으로 영적 부자가 돼라

"너에게 주는 네 남편을 사랑해라. 존귀히 여기고 존경해라. 너를 사랑하는 자다. 너를 참으로 사랑하는 자다. 자기보다 너를 더 사랑한다. 너도 그를 사랑해라. 종처럼 부려먹지 말고 그를 위하여 너도 많이 기도해라. 너를 사랑하는 자를 네가 부려먹는 것으로 사용하지 않기를 바란다. 나는 너를 사랑하기 때문에 그를 붙여주었고 그도 너를 참으로 사랑하기 때문에 내가 너희 둘을 볼 때 참으로 마음이 기쁘도다."

너희도 각각 자기의 아내 사랑하기를 자신 같이 하고 아내도 자기 남편을 존경하라 _엡5:33

"나는 네가 더 마음을 비웠으면 좋겠다. 더 많이 마음을 비워라. 완전히 비워라. 내가 질그릇에 부활을 준다고 하지 않느냐? 그런데 그 질그릇 안에 온갖 먹을 것이 잔뜩 들어있는데 어찌 부활을 담겠느냐? 나는 네가 이것을 비우고 내가 주는 부활을 담는 그릇이 되었으면 좋겠구나. 네가 사모함이 있구나. 그러나 그 사모함에 더 많은 간절함을 담아라. 너의 가방에 가지고 왔던 모든 것을 다 비워라. 다 쏟아내라. 그리고 네 마음도 똑같이 쏟아내라.

나는 네가 숙소에서 머물지 않았으면 좋겠다. 그곳에서 나와서 성전에 머물러라. 낮에도 성전에 있어라. 밤에도 성전에 있어라. 네가 완전히 변화되어야만 너의 가정이 변한단다. 네가 변해야 네 가정이 변하지. 자녀와 남편이 너를 괴롭힌다고 네 얼굴이 완전히 찡그려져 있고 짜증이 나서 마귀가 얼마나 많은지, 너를 보고 누가 너를 보고 나를 믿겠느냐? 너를 보고 누가 나를 능력의 하나님이라고 믿겠느냐? 평안의 하나님이라고 믿겠느냐? 네 얼굴이 완전히 펴져야지 네 얼굴에서 빛이 나야지.

아내들아 남편에게 복종하라 이는 주 안에서 마땅하니라 남편들아 아내를 사랑하며 괴롭게 하지 말라 _골3:18-19

나는 너에게 기쁨과 희락의 은사를 주길 원한다. 앉아도 웃음이 나오고 서도 웃음이 나오고 밥을 먹어도 웃음이 나오고 화장실에 가서도 웃음이 나오고 "하나님 웃음이 끊이지 않네요. 하나님 너무 기뻐요." 그렇게 고백하는 자가 되길 원한다. 사랑하는 딸아, 네가 무엇을 받길 원하느냐? 물질을 받길 원하느냐? 그만큼 받았으면 됐다. 너는 소유할 것을 소유했다. 그러나 너는 영적으로 받은 것이 없단다. 지금 너는 영적으로 너무나, 너무나 가난하고 곤고하구나. 나는 네가 영의 것을 사모하고 영의 것을 가진 부자가 되길 원한다. 내가 너에게 준 물질은 너를 위하여 사용하라고 준 것이 아니다. 보았지 않느냐?

너는 벌써 네 마음속에 무엇을 해야 하는지 응답을 받았다. 네 물질로 무엇을 해야 되느냐? 이곳에서 보지 않았느냐? 물질이 없어서 동동거리는 사람들을 보지 않았느냐? 네 손을 펴라. 그들에게 입혀라. 나는 너에게 더 많은 영권을 주길 원한다. 너를 사랑한다. 내가 참으로 기쁘게 여긴단다. 내가 너에게 준 것처럼 내 딸에게도 부어줄 것이다." "오 주님 감사합니다."

기록된 바 그가 흩어 가난한 자들에게 주었으니 그의 의가 영원토록 있느니라 함과 같으니라 _고후9:9

사슴 한 마리가 보이는데 머리에 뿔이 굉장히 높고 길게 자라 있어요. 그 사슴이 자기의 뿔을 가지고 자랑을 해요. 머리를 흔들면서 내 뿔이 이렇게 자라 있다고 자랑을 해요. 다른 사슴들은 뿔이 다 작아요. 작아서 그 사슴을 보면서 부러워해요. 너무너무 높고 너무너무 길고 저렇게 화려하고 왕관 같구나! 왕관 같구나! 너무 부럽다. 그러니까 이 사슴이 더 기분이 좋아서 머리를 흔들면서 자기 뿔을 자랑하려고 목을 길게 빼고 좋아해요. 그런데 하늘에서 소리가 들려요.

"딸아, 딸아, 어찌하여 내가 너에게 부어준 것이 교만이 되었느냐? 보아라 네 뿔이 어디에 걸렸는지 보아라." 그러자 그 사슴의 뿔이 가시가 많은 나뭇가지에 걸려서 가시가 뿔처럼 보였던 것이었어요. 그런데 본인도 알지 못하고 주변 사람들도 알지 못해요. "사랑하는 딸아, 네가 어찌하여 교만하여졌느냐? 나는 네가 교만한 자가 아니길 원한다. 교만은 멸망의 선봉이요. 패역의 앞잡이가 아니냐?

OO야 나는 네가 교만하지 않기를 원한다. 낮아지고 낮아지고 낮아지길 원한다. 겸손한 자가 되어라. 너의 말 한마디가 너의 엄마 아빠를 죽이는구나. 너의 교만한 말 한마디가 너의 엄마 아빠를 죽이고 동생을 죽이는구나. 네 마음에 너의 뿔인 줄 알게 만드는 그 가시가 뿔인 줄 알게 만드는 교만한 마귀다. 그것을 완전히 싹을 버려야 된다." 그 눈에서 나오는 교만한 것 하나님이 뽑아주시길 원하신다고 하십니다. "사랑하는 딸아. 네가 겸손하고 낮아질 때 너는 온전하여질 것이다. 결혼도 할 수 있고 네 몸에서 믿음의 자손이 나올 수 있단다. 너의 교만이 완전히 낮아지길 원한다. 교만은 스스로 받는 것이 아니라 악한 마귀가 주는 것이란다. 모든 자들도 항상 경계하고 경계할 것은 교만이 틈타지 못하게 항상 경계해라. 교만은 나와 멀어지는 지름길이란다.

교만하여 저주를 받으며 주의 계명들에서 떠나는 자들을 주께서 꾸짖으셨나이다 _시119:21

자신이 잘났다고 목을 흔들고 얼굴을 흔들 때마다 자기 뿔이 아니라 가시가 더 많이 박히고 박혀서 그 얼굴을 들 수 없게 만드는 것이 마귀가 주는 전략이란다. 보아라. 처음 이곳에 어떤 모습으로 왔느냐? 문제를 가지고 오고, 누더기 옷을 입고 죽음의 길을 걷다가 와서 그 교만했던 모든 것을 다 내려놓고 낮아지고 낮아져서 이곳에 오지 않았느냐?" 아직도 교만한 자는 이곳에 오지 않는다. 하나님은 "내가 이곳에 너희들을 불렀다." 말씀하십니다. 교만한 자는 이곳에 올 수 없고 이곳에 왔을 때 완전히 낮아지고 겸손해졌을 때 은혜를 받을 수 있다고 하십니다.

서로 마음을 같이하며 높은 데 마음을 두지 말고 도리어 낮은 데 처하며 스스로 지혜 있는 체하지 말라 _롬12:16

의에 주리고 목마른 자는 복이 있나니 그들이 배부를 것임이요 _마5:6

42. 겸손과 순종으로 은혜의 전쟁에 참여하라

"나는 너희를 불렀다. 겸손하고 낮아진 마음으로 의심하지 않고 내 딸로부터 오는 모든 말씀, 내 입에서 나오는 모든 말들을 아멘으로 받을 때 너희에게 능력이 나타나고 악한 것이 뽑혀 나간단다. 나는 너희를 돕고 있다. 악한 마귀는 계속해서 너희들에게 의심하라고 한다. 계속 교만한 마음을 준다. 너희가 이겨서 승리해라.

> 근신하라 깨어라 너희 대적 마귀가 우는 사자 같이 두루 다니며 삼킬 자를 찾나니 너희는 믿음을 굳건하게 하여 그를 대적하라 이는 세상에 있는 너희 형제들도 동일한 고난을 당하는 줄을 앎이라 _벧전5:8-9

오늘 이 시간, 새벽 시간, 저녁 시간을 너희가 금같이 사모하고 사모해라. 예배 시간을 귀하게 여겨라. 내 딸의 사역도 매일 똑같이 그렇게 생각하지 말고 지켜보고 함께 중보 기도하고 함께 사역하여라. 내 딸이 사역할 때 얼마나 큰 능력이 나타나는지 직접 보아라. 내 딸이 사역하는 것은 나라와 나라의 전쟁처럼 아주 큰 전쟁을 치른단다. 너희가 몰라서 그렇지 이것이 얼마나 피 터지는 전쟁인 줄 아느냐? 악한 사단이 울부짖는 소리가 얼마나 괴성을 지르면서 나가는 줄 아느냐? 너희는 그것을 아무 생각 없이 본다. 중보 기도도 하고 그 능력 있는 사역에 너희도 참여하여라.

모세의 두 손을 든 아론과 훌처럼 너희도 내 딸의 손을 들고 이 전쟁에 참여하여라. 나는 너희를 돕고 있단다. 너희를 사랑한단다. 시간 시간마다 너에게 부어주는 이 성령의 능력을 너희가 온전히 받기를 사모한다. 이 제단에서 나오는 것은 영의 것이요, 영적인 것이기 때문에 깨끗하고 순결한 자가 더 많은 것을 소유할 수 있단다.

날마다 회개의 영을 달라고 기도해라. 그래야만 너희가 더 많이 받을 수 있단다. 더러운 그릇에 무엇을 담을 수 있겠느냐? 오물이 가득한 그릇에 무엇을 담아줄 수 있겠느냐? 악들이 뽑혀 나간단다. 회개의 영을 달라고 기도하고 회개의 영을 터뜨려라. 나는 너희에게 좋은 것으로 채워주려고 한다." "주님 감사합니다."

무릇 내가 사랑하는 자를 책망하여 징계하노니 그러므로 네가 열심을 내라 회개하라 _계3:19

"깨어라. 네 마음속에 무엇이 있는지 보아라. 내 말이 들어 있느냐? 네 생각과 악한 것이 주는 것이 가득한지, 무엇이 가득한지 생각해 보아라. 내가 너에게 주는 영생이 그 안에 있는지, 그 마음에 기쁨과 평안이 있는지 점검해 보아라. 네 마음을 좀 들여다보아라. 다른 사람의 것을 보지 말고, 너를 보아라. 너는 너 자신도 보지 못하면서 어찌하여 사람들을 판단하느냐? 저 목사가 깨어지지 않는데, 내가 뭐 하러 깨어지겠냐고 생각하느냐? 네가 더 심하다. 네 안에 얼마나 더러운 것들이 많이 있는지 보아라."

> 어찌하여 형제의 눈 속에 있는 티는 보고 네 눈 속에 있는 들보는 깨닫지 못하느냐 보라 네 눈 속에 들보가 있는데 어찌하여 형제에게 말하기를 나로 네 눈 속에 있는 티를 빼게 하라 하겠느냐 _마7:3-4

 "사랑하는 아들아. 사랑하는 OO 목사야. 내가 너에게 직분 준 것을 후회한다. 너를 보고 많은 사람들이 내 품에서 떠나간단다. 너를 보고 내 품에서 떠나간다. 내가 너를 직분 준 걸 후회한다. 네가 그 직분을 가지고 직분 답지 못하게 살아가는 그 모습을 보고 내 양들이 떠나간다. 너는 어찌하여 내 마음을 이렇게 아프게 하느냐? 너는 내 마음을 너무 아프게 한단다. OOO 목사가 이렇게 돌아오지 못하는데, 나는 이 정도는 괜찮다고 생각했느냐? 너 얼마나 지금 내 마음을 아프게 하는 줄 아느냐? 네 얼굴을 거울로 한번 보아라. 네 얼굴이 이곳에 걸맞지 않게, 얼마나 검고 검은 줄 아느냐? 이곳에 오래 살고 있는 너의 모습이 참으로 가증스럽구나.

 너 이곳에 왔을 때 어떤 마음으로 왔느냐? 모든 것을 다 포기하고 이곳에 왔는데 이제는 아주 교만해졌구나. 너는 어찌하여 그렇게 살아가려느냐? 내가 너에게 준 마지막 기회마저 이제는 잃어버리려고 하는구나. 내가 너에게 준 아내를 어찌하여 그렇게 짓밟느냐? 네 말 한마디 눈빛 하나하나가 네 아내를 또다시 힘들게 하고 또다시 아프게 하고 또다시 고난의 길로 가게 만들고 있구나. 나는 이제 더 이상 내 딸을 그렇게 너에게 짓밟히지 않게 할 것이다. 내가 너를 이제는 벌할 것이다. 내가 이제는 너를 사랑으로만 보지 않을 것이다. 내가 이제 회초리를 들고 너를 때릴 것이다. 이것이 마지막 경고다."

대저 여호와께서 그 사랑하시는 자를 징계하시기를 마치 아비가 그 기뻐하는 아들을 징계함 같이 하시느니라 _잠3:12

여호와여 주로부터 징벌을 받으며 주의 법으로 교훈하심을 받는 자가 복이 있나니 _시94:12

43. 금언과 금식을 함께 할 때 터지는 회개의 영

"OO 집사를 보아라. 내 딸을 아프게 하다 그 다리를 잃지 않았느냐? 너는 가까이서 그 집사를 보면서 깨닫지를 못하느냐? 내 딸을 그 고난 속에 있게 한 그 OO 집사를 내가 그동안 보고만 있었는데도 불구하고 계속해서 패역하였기 때문에 내가 그 다리를 절단했다. 너도 그렇게 되고 싶으냐? 나는 이제 너를 그냥 볼 수 없구나. 내 딸 OO를 너보다 높이 쓸 것이다. 너는 그자를 사랑하고 아껴야 하느니라. 내가 너에게 붙여준 아내는 너를 높여주려고 붙여준 자니라. 마음을 패역하게 하지 마라. 너를 고난 속으로 몰고 가고 싶지 않다. 어찌하여 그렇게 깨닫지를 못하느냐? 어찌하여 축복을 주었는데도 축복인 줄 모르느냐?"

남편들아 이와 같이 지식을 따라 너희 아내와 동거하고 그를 더 연약한 그릇이요 또 생명의 은혜를 함께 이어받을 자로 알아 귀히 여기라 이는 너희 기도가 막히지 아니하게 하려 함이라 _벧전3:7

"OO 집사님처럼 되고 싶다고 네가 말했느냐? 그 아들이 무엇을 가졌는지 잘 보아라. 네가 볼 때는 재물만 가진 것처럼 보이느냐? 가정을 온전히 세워야 하느니라. 너는 네 가정을 다 깨어져 버리게 만들고 재물만 받기를 원하느냐? 너 홀로 광야로 걸어가라. 나는 이제 내 사랑하는 딸과 너에게 준 두 자녀를 너와 함께 광야로 보내지 않겠다. 너 혼자 가게 할 것이다. 나는 네가 이곳에서 머물지 않기를 원한다. 너의 행동으로 인해 나를 가까이하려고 온 자들이 너의 모습을 보고 떠나간다. '네가 이곳에 있지 못하겠다.' '더 이상 네가 이곳에 머물지 못하겠다.' 네 말 한마디, 네 행동 하나가 다가오려는 양들을 막고 '저 목사 이렇게 오래 있었는데 저렇게 하나도 안 변했는데 무슨 이곳에서 능력이 있겠느냐'라는 생각까지 한다. 네가 이곳에서 해가 된다. 떠나라.

떠나서 네 아내로부터 너에게 줄 것이다. 내 딸에게 천국의 모든 보화와 권세를 주었다. 너는 네 아내를 내 딸을 보는 것처럼 섬겨라. 너를 통하여 내 딸을 더 강하게 붙들어주고 싶구나. 너는 그자를 보듬고 보듬어주어라. 네가 높아지는 것은 그것이니라. 네 손에 내가 재물을 쥐여 주는 것이 아니라 네 아내를 통해서 너와 함께 천국의 길을 예비하고 너희가 아름답게 살아가는 모습이 많은 사람에게 표본이 되기를 내가 소망한다. 내가 너에게 직분 준 것을 후회한다. 아들아 직분에 맞게 살아가라.

네 아내를 사랑해라. 내가 너에게 준 보배를 그렇게 짓밟지 말아라. 내가 너에게 사랑하는 딸을 준 것을 후회하지 않게 하라. 더 이상 그 아이들의 마음을 아프게 하지 마라. 내 아들 OOO을 더 이상 그렇게 아프게 하지 마라. OOO이 너보다 낫다. OOO이 얼마나 영적으로 깨었는지 아느냐? 너와 네 아내가 조금만 악한 소리를 하면 아이가 뭐라고 하느냐? "엄마 아빠 싸우지 마" 그 말이 내가 하는 말이다. 너는 네 아이보다 못하구나. 네가 싸우고 소리를 지를 때 얼마나 네 속에 있는 악한 영들이 춤을 추는 줄 아느냐? 너 말 한마디가 너의 가정을 얼마나 깨어지게 하는 줄 아느냐? 네 목에서 나오는 악한 소리를 버려라. 입에 재갈을 물려라. 말을 내지 마라. 네 입에서 나오는 말들이 하나도 생명의 말이 없구나. 세상에 말이요 아무 쓸데없이 지껄이는 말이구나.

아들아 너는 음식을 절제하지 못하고 말도 삼가지 못한다. 금식해라. 말을 내지 마라. 침묵 기도를 해라. 3일이고 4일이고 말을 한마디도 하지 마라. 말을 하지 못할 때 악한 영이 그 속에서 발버둥을 친다. 먹을 것이 없어서 고사된단다. 너는 그렇게 해야 하느니라. 음식도 금하고 말을 하지 마라. 네가 그렇게 할 때 회개의 영이 터진다. 내가 너에게 금식하라고 명령했었다. 너는 그러나 그 말을 듣지 않았다. 너는 금식을 해라. 이 제단에서 내려가면 금식을 해라. 금식 기도원으로 들어가라. 3일이고 4일이고 계속해서 금식해라. 작정하고 금식해라. 네 육을 죽여야 한다. 네가 얼마나 음식을 탐하는지 이곳에 있는 사람들이 다 안다. 내 말을 듣는 시간에도 라면을 끓여 먹고 무엇을 먹을까? 이 허기진 것을 무엇으로 채울까? 너는 그렇게만 생각하고 있었다. 그 모든 생각이 악한 영이 주는 것이다. 육의 것을 다 죽여야 한다. 이 제단에 있는 모든 자들아. 먹는 것에 집중하지 마라."

내가 기뻐하는 금식은 흉악의 결박을 풀어 주며 멍에의 줄을 끌러 주며 압제 당하는 자를 자유하게 하며 모든 멍에를 꺾는 것이 아니겠느냐

_사58:6

이런 종류는 기도와 금식에 의하지 아니하고는 나가지 아니하느니라

_마17:21

44. 낮은 자, 약한 자의 모습으로 다가오시는 하나님

"OOO 더러운 것들로 잘 들어라. 네 심령이 잘 됐기 때문에 네 아들이 점점 평안을 얻는단다. 네가 기쁨에서 춤을 추는 모습이 내가 보고 얼마나 기쁜지 많은 천사들이 내려와서 사진을 찍었단다. 네가 기뻐서 춤추며 "오 주님 너무너무 좋네요. 이렇게 좋은 것을 내가 맛보네요." 네가 그렇게 고백했지? 내가 그것을 받아서 천국에 집을 짓기 시작했단다. 사랑하는 자야. 그래, 그래 그렇게 해라. 그동안 네가 얼마나 핍박을 당하고 힘이 들었는지 내가 잘 안다. 어린아이 같은 큰아들을 네가 얼마나 힘들게 데리고 살았는지 내가 잘 안다. 내가 그 짐을 이제 덜어주리라. 네 남편과 큰아들에게도 내가 영생의 복을 주리라. 사랑하는 자야. 지금처럼 이 제단에서 기뻐 뛰며 춤추어라. 내가 너에게 좋은 것으로 만족케 하리라. 내가 너를 축복하고 축복한다.

이곳에 있는 자들아. 저 딸을 도와주어라. 그 아들을 보듬을 때 얼마나 힘이 드는지 너희가 지켜보아라. 그리고 도와주어라. 약한 자를 돕기를 원한다. 헐벗고 힘든 자들을 너희들이 그냥 돌이키지 마라. 내가 너희들에게 돌아보라고 분명히 말하지 않았느냐? 너희가 귀하게 여겨라. 내가 너희에게 오는 모습은 저런 자와 같은 모습이니라. 좋은 옷을 입고 좋은 차를 탄 사람들이 아니라 약한 자, 저는 자. 헐벗은 자라."

비록 무화과나무가 무성하지 못하며 포도나무에 열매가 없으며 감람나무에 소출이 없으며 밭에 먹을 것이 없으며 우리에 양이 없으며 외양간에 소가 없을지라도 나는 여호와로 말미암아 즐거워하며 나의 구원의 하나님으로 말미암아 기뻐하리로다 _합3:17-18

45. 말씀 준비
컴퓨터 앞 No, 제단에서 무릎 꿇고 Yes!"

"OO 목사야, 너는 말씀 준비하기 위하여 네 처소에서 준비하지 말고 제단에서 무릎 꿇고 준비해라. 네가 컴퓨터 앞에서 예화를 준비하지 않아도 네가 무릎 꿇을 때 내가 너에게 계시를 주리라. 네가 하려고 하는 말이 아니라 내가 하려는 말을 네 입에 넣어주리라. 왜 사랑하는 자들이 내 딸의 사역하는 시간을 기다리는 줄 아느냐? 내 딸은 그 말 한마디에 불이 나오고 영생의 복이 나온단다. 사랑하는 목사야. 너의 말에서도 그런 것이 나와야 하지 않겠느냐? 사랑하는 목사야. 말씀 준비하기 위하여 제단에서 무릎 꿇고 기도해라. 내가 널 통해서 말하기를 원한다. 너를 사랑하고 축복한다."

여호와께서 그의 손을 내밀어 내 입에 대시며 여호와께서 내게 이르시되 보라 내가 내 말을 네 입에 두었노라_ 렘1:9

46. 음란한 꿈을 꾸고, 음란한 행동으로 패망하다

까만 송충이 같은 것이 보이는데 그 검은색 송충이가 털이 나 있고 까만색 성충인데 이것들이 기어서 어디론가 가요. 이 송충이가 꼬물꼬물 기어서 가는데 한 마리가 앞에서 가니까 뒤로 줄을 이어서 계속 꾸물꾸물, 끙끙거리면서 이렇게 뭔가 먹을 것을 찾기 위하여 끙끙 끙끙 고개를 좌우로 흔들면서 냄새를 맡기 위하여 더듬이를 가지고 가요. 어디로 가나 봤더니 한 사람이 자고 있는데 그 생식기 안으로 들어가요. 생식기 안으로 그 검은 송충이 같은 것들이 한 마리가 들어가더니 수천 마리가 그 안으로 다 들어가요. 한 마리가 들어가기 시작하니까 진공청소기가 쫙 빨아들이는 것처럼 수천 마리가 그 안으로 싹~ 들어가요. 그러니까 그 남자가 꿈을 꾸기 시작해요. 꿈을 꾸는데 음란한 꿈을 막 꾸기 시작했어요. 자기가 낮에 봤던 그 여자의 벗은 몸을 보기 시작하고 그 여자와 침대에 뒹구는 꿈을 꾸면서 쾌락을 즐겨 하고 그러더니 그 남자가 너무 황홀한 꿈을 꿨다고 좋아해요.

아침에 옷을 입더니 그 여자에게 다가가기 위해 전화를 해요. 꿈대로 되기를 원한다고 그 마음에 작정해요. 그러니까 그 여자는 그 남자의 온갖 유혹에 처음에는 안 끌려가려고 발뺌하지만 계속해서 이 남자가 작업하니까 여자도 끌리고 끌려요. 예수님을 잘 믿는 여자인데, 너무너무 잘 믿는 여자인데…… 그 남자가 계속해서 유혹하고 매일같이 찾아오고 매일같이 전화하니까 '하나님이 내게 붙여준 사람인가? 이 사람을 내가 구원해야 하지 않을까? 이 불쌍한 사람을 내가 구원해야 하지 않을까?' 분별력을 갖지 못하고 '내가 저 남자를 예수님 앞에 인도해야 되겠다.' 그런 생각을 하면서 그 남자를 보듬기 시작하고 만나주기 시작해요.

이 남자는 만날 때마다 이 여자의 벗은 몸만 상상해요. 상상하고 언제 이 여자를 소유할까 그 생각만 하면서 여자를 만나요. 그리고 정말로 그 꿈대로 그 여자를 소유해요. 그러자 그 여자의 몸속에도 송충이 같은 것들이 잔뜩 들어가요. 그 여자가 너무나 곱던 그 모습들이 머리카락이며 온 피부가 흙빛으로 변해요. 그들이 가정을 이루고 사는데 날마다 날마다 그 입에서 그 송충이들이 계속해서 쏟아져요. 알을 까고 또 까고…. 그 속에서 알을 많이 까니까 말할 때마다 새로운 것들이 계속 나와요. 새로운 송충이들이 계속 나와요. 뱀도 나오고 쥐도 나오고. 그 속에서 더러운 것들이 계속 입을 통해서 나오고..... 그들 속에서 나온 자녀들은 더 심각해요. 너무나 더러운 것들로 가득해요. 온몸에 그 안에 거짓말이며 탐욕이며 음란한 것들이 가득해요.

"사랑하는 자들아. 너희 부모가 너희를 잉태하였던 모습이니라. 너희는 깨끗한 자가 하나도 없다. 너희가 악한 것에서 태어났단다. 너희가 선한 것이 있더냐? 너희가 아무리 선하게 살려고 발버둥 쳐도 너희 속에 더러운 것들이 잔뜩 있단다. 바울이 고백하지 않았느냐? 내가 원하는 것은 하지 않고 내가 원치 않는 것을 하는도다. 이 죄악이 나를 사로잡는도다. 그 고백이 너희들도 똑같지 않느냐? 너희가 죄악에서 잉태되었고 이렇게 더러운 자니라. 내가 너희를 사용하고 싶지만, 너희가 이런 모습이기 때문에 내가 너희를 사용하려고 해도 너희 속에 있는 것들이 막고 너희를 사로잡는단다. 사랑하는 자들아. 내 딸이 어떻게 사역해서 너희를 깨끗하게 하는지 보아라."

근신하라 깨어라 너희 대적 마귀가 우는 사자 같이 두루 다니며 삼킬 자를 찾나니 너희는 믿음을 굳건하게 하여 그를 대적하라 이는 세상에 있는 너희 형제들도 동일한 고난을 당하는 줄을 앎이라 _벧전5:8-9

47. 보혈의 빨간 모자를 붙들며 마귀를 이겨낸 여인

그 여자가 빨간 모자를 썼어요. 빨간 모자를 쓰고 막 울면서 "나를 기억을 해요. 내가 예수의 피를 의지했던 걸 기억을 해요." 그 빨간 모자가 씌워지자 이 여자가 기억이 나요. "그래 맞아. 맞아. 내가 하나님의 자녀였지." 기억해요. 그리고 그 빨간 모자가 바람에 휘날려요. 바람이 쌩쌩 부니까 이 여자가 이 모자가 날아가지 않게 하려고 손으로 잡고서 걸어요. 그 맞바람을 이겨가면서 그 모자를 손에 꽉 쥐고 계속 걸어와요. 그 모자가 날아가게 하려고 바람이 그 모자를 향해서 계속 불어요. 이렇게 모자를 날아가게끔 만들어요. 그러니까 이 여자가 두 손으로 잡고 그 빨간 모자를 안 놓치려고 손으로 잡고 계속해서 걸어요. 그랬더니 이제 뒤에서 이 여자를 못 가게 하려고 옷이며 신발이며 이런 것들을 손으로 잡아요. 어떤 것이 잡냐면 악한 마귀가 손을 뻗쳐서 이 여자의 온몸을 못 가게 잡아요. 수만 개의 손이 그 여자의 몸을 제어해요.

그러니까 이 여자가 일시에 그 모자를 꽉 잡고 온몸을 기를 쓰면서 끌려가지 않으려고 그 모자에 힘을 의지해서 끌려가지 않으려고 버티고 버텨요. 여자가 이제 눈이 보이기 시작해요. 그동안은 암흑 같은 곳을 헤매면서 다녔는데 이제 눈을 뜨기 시작해요. 그래서 눈을 떠보니 성전이 보이기 시작해요. 그러더니 발버둥을 쳐요. 저곳에 가야지. 내가 살려면 저곳에 가야지. 이곳을 향하여 몸부림을 치면서, 걸어오는 것이 아니라 온몸을 뒹굴면서 처절하게 이곳에 와요. 온몸에 거미가 먹이를 잡기 위하여 거미줄을 온몸에 칭칭 감은 모습처럼 이 여자가 그런 모습으로 여기 왔어요. 눈만 떠 있고 온몸이 다 거미줄 같은 그런 거로 칭칭 감겨져서 꼼짝달싹할 수 없는 그런 모습으로 여기 왔어요.

빨간 모자를 쓰고 눈만 조금 뜰 수 있을 만큼 그렇게 되어있고 완전히 감겨져서 성전 뒷자리에 꿈틀거리는 모습으로 겨우 겨우 왔어요. 그런데 제단에서 빛이 비쳐요. 황금빛이 비치니까 이 여자의 눈이 점점 커지면서 살고 싶어서 눈물을 흘려요. 울기 시작해요. 그러면서 자꾸 가까이 오니까 그 거미줄 같은 것들이 녹아내리기 시작해요. 눈만 겨우 보이던 이 여자의 거미줄이 녹아내리면서 귀에 조금씩 덮인 것들이 열리고 코가 또 보이고 입이 조금씩 보이기 시작하더니 입을 열어서 찬양을 하기 시작해요. 그런데 온몸은 아직도 움직일 수가 없어요. 그 안에서 더러운 것들이 계속 나오니까 계속 묶여있어요. 그 여자가 이 찬양을 하는데 너무너무 몸이 아프니까 찬양을 하다가 신음 소리를 내고 그 모습을 뒤에서 보고 있어요. 불꽃같은 눈으로 보고 있어요.

그 여자를 보는 것이 아니라 그 안에 있는 악한 것이 눈에 보이는 거예요. 그 안에 악한 것이 눈에 보이니까 "하나님 오늘 저것을 뽑아낼까요?" 질문하기 시작했어요. "그래 딸아. 오늘 네가 저자를 구원해 주어라. 저자에게 손을 내밀어라." 하나님의 음성이 들리자 그자에게 가까이 다가가 하나님이 준 그 손으로 그자의 거미줄같이 칭칭 매여 있던 것을 뜯어내기 시작해요. 마구마구 뜯어내기 시작해요. 그랬더니 이 여자가 아파서 소리를 질러요. 그러자 그 안에서 귀신들이 소리를 지르면서 발악을 해요. 진드기같이 붙어서 안 나가려고. 발버둥을 치면서 그 몸을 꽉 잡고 안 나가려고 해요.

그것들을 뜯어내니까 처음에는 발악하다가 그것들이 막 뜯겨 나가요. 신나서 또 뜯고 뜯기 시작해요. 그랬더니 이 여자가 몸을 움직일 수 있게 됐어요. 손이 풀리고 허리를 펼 수 있게 되자 또다시 더 찬양하기 시작해요. 손을 높이 들고 찬양을 해요. 손을 높이 들자 겨드랑이 안에 숨어 있던 것들이 또 보이기 시작해요. 뒤에서 또 보더니 하나님께 또 물어요. "하나님 겨드랑이에 또 붙어 있습니다. 어떻게 할까요?" "그냥 두어라. 내가 말로 놓아주리라." 말씀을 전하자 그 겨드랑이에 안간힘을 쓰고 붙어 있던 것들이 나뭇잎같이 떨어져요. 나뭇잎이 떨어지듯이 떨어져요. 그러자 이 여자가 손이 막 가벼워지니까 이제 손을 흔들면서 찬양해요. 그랬더니 옆구리에도 숨어 있던 새로운 것들이 눈에 자꾸 보여요. 그럴 때마다 하나님께서 말씀하시는 대로 사역하시는 것을 보여주셔요.

이 여자가 이것들이 완전히 벗겨지기 시작해요. 다 벗겨지더니 솜털처럼 온몸에 빛이 나기 시작하면서 가볍게 이곳에서 춤을 춰요. 빛이 나기 시작해요. 온몸에서 광채가 나기 시작해요. 그러더니 그 몸에 있던 송충이들이 몸 안에 있는 것들이 다 빠져나가서 그 안에 이제 향기가 나기 시작해요. 그 배 안에서 꽃들이 피기 시작해요. 꽃들이 피니까 그 여자를 범접했던 악한 것들이 마치 모기 살충

제 냄새에 도망가듯이 이 꽃향기 때문에 범접하지를 못해요.

    이 여자가 기쁜 마음으로 집으로 돌아가요. 그 남편이 여자가 오자마자 코를 막고 이게 무슨 냄새야? 하면서 깜짝 놀라요. 여자의 몸에서 빛이 나니까 가까이 가지를 못해요. 경계해요. 너무 이상하니까 핍박해요. 말로 핍박하고. 몸을 건드릴 수가 없어요. 향기가 집 안에 퍼져요. 자녀들도 처음에는 코를 막아요. 엄마에게 이상한 냄새가 난다고 멀리멀리 도망가고 핍박해요. 그러나 그 향기가 계속해서 집 안에 퍼지고 여자의 찬양 소리가 온 집 안에 울려 퍼져요. 그러니까 남편과 자녀들의 속에 있는 송충이 같은 것들이 못 살겠네 못 살겠네 소리를 질러요. 그러자 여자가 자기 머리에 있던 그 빨간 모자를 남편에게 씌워주고 자녀들에게도 똑같이 씌워줘요. 가족들과 함께 성전 안에 다시 올라오는 모습을 보여주셔요. 너희 향기가 널리 퍼지기를 내가 원한다.

우리는 구원 받는 자들에게나 망하는 자들에게나 하나님 앞에서 그리스도의 향기니 _고후2:15

이 사람에게는 사망으로부터 사망에 이르는 냄새요 저 사람에게는 생명으로부터 생명에 이르는 냄새라 누가 이 일을 감당하리오 _고후2:16

그러나 더욱 큰 은혜를 주시나니 그러므로 일렀으되 하나님이 교만한 자를 물리치시고 겸손한 자에게 은혜를 주신다 하였느니라 _약4:6

3

기도와 찬양

천국을 향한 신부의 기도

성령과 신부가 말씀하시기를 오라 하시는도다 듣는 자도 오라 할 것이요
목마른 자도 올 것이요 또 원하는 자는 값없이 생명수를 받으라 하시더라
_계 22:17

예수님의 보혈이 능력이 되어 나에게 임하고 있습니다.
예수님의 보혈만이 참 생명이요 참 진리입니다.
예수님의 피와 살은 나에게 영원한 생명이 될 줄 믿습니다.
보혈 보혈 보혈의 능력을 부어주시옵소서.
보혈의 능력으로 임재하기를 원합니다.
보혈의 권능이 내 머리 위에 임하기를 원합니다.
성령의 생수를 내 속사람이 마시고 있습니다.
생명수 샘물을 마실 때마다 영원한 생수의 강이 내 배에서
흘러넘치고 있습니다.
성령의 불이 나를 다스리시고 나를 감싸 주시옵소서.

성령님 성령님 나의 성령님, 내 안에서 운행하여 주시옵소서.
하나님의 능력의 불이 기도의 불이 되기를 원합니다.
여호와의 선하심을 맛보아 알기를 원합니다.
하나님의 말씀을 기도로 방패 삼아 피하는 자는 복이 있을
것입니다.
불의 방패와 보혈의 방패가 나를 안위하게 하옵소서.

내 속사람과 겉사람이 여호와를 찬양합니다.
하나님의 권능의 불로 나의 모든 더러움을 태워 주시옵소서.
하나님의 권능의 불이 순종이 되기를 원합니다.
성령의 불로 불로 불로 불로 불로 임재하여 주시옵소서.
하늘로부터 내려오는 성령의 불 불 불 불 불을 원합니다.
예수님의 보혈과 성령의 불이 하나가 되어 나의 기도를 이끌어 주시옵소서.
영원한 영광 중에 참여하는 영의 기도를 간구합니다.
성령에 온전히 사로잡힌 바 되게 하여 주시옵소서.
하나님을 향한 갈망으로 충만해지길 간구합니다.
믿음으로 살고, 기도로 살고 하늘의 소망으로 살게 해주시옵소서.
하나님 앞에 마음을 쏟아내는 생수 같은 기도를 갈망합니다.
영의 기도로써 하늘의 영광을 스스로 취할 수 있는 믿음을 갖게 해주시옵소서.
성령의 손으로 나를 붙잡아 주시고 여기까지 인도해 주신 하나님께 감사드립니다.
보혈로 씻김 받은 나의 입술이 하나님의 의를 선포합니다.
입술의 열매, 입술의 생명이 말씀의 선포로 이루어지길 원합니다.

남을 아프게 하고 헐뜯는 입을 용서해 주셔서 신부의 입술로 거듭나기를 원합니다.
신랑의 말씀을 신부의 입술에 대어 주셔서 말하는 것마다 생명이 흘러가게 도와주시옵소서.
부끄러움을 모르고 죄를 드러낸 입을 용서하여 주시옵소서.
악한 생각을 말로 표현한 입을 용서하여 주시옵소서.

정직하게 말하지 않고 돌려서 말한 입을 용서하여 주시옵소서.
악은 감추고 선으로 속여서 말한 입을 용서하여 주시옵소서.
남을 속이고 거짓말 한 입을 용서하여 주시옵소서.
이 시간 예수 그리스도의 보혈을 의지하여 하나님께 회개합니다.
내가 살던 죄된 길에서 돌이키고 불의한 나의 생각을 하나님께로 돌이킵니다.
하나님이 내 속에 깨끗한 마음을 창조하시고 내 안에 정직한 영으로 새롭게 하여 주시옵소서.
나의 죄를 숨기지 아니하고 죄를 자복하여 하나님께 긍휼히 여김을 받아 천성을 향해 나아갑니다.
지금 돌이켜 회개하여 모든 죄에서 떠나고 죄악이 나를 지배하지 않도록 보혈을 의지하겠습니다.
내가 범한 모든 죄악을 버림으로써 내 마음과 영을 새롭게 만들어 신부의 옷을 입기를 원합니다.

하나님은 죽을 자가 죽는 것도 기뻐하지 않으신다고 말씀하셨습니다.
스스로 돌이키고 살기를 원합니다.
예수님의 보혈을 의지한 영의 기도를 올려 드립니다.
온전하고 순전하게 회개하여 신부된 거룩한 자격을 입고 살기를 원합니다.
하나님 아버지, 지금까지 남을 판단하고 정죄하는 입으로 살아왔습니다.
내 뜻과 내 생각과 내 유익을 말하는 입으로 살았습니다.

내 자랑과 내 계획과 내 변명을 말하는 입으로 살아온 것을
회개합니다.
예수님의 십자가 보혈로 씻어 주시고 정결한 입술로 만들어
주시옵소서.
주님께서 원하시는 하늘의 속한 신부의 세마포를 입혀
주시옵소서.
사람들을 함부로 여기면서 무례함 속에서 저질렀던 모든 악한
행동들을 보혈로 용서해 주시옵소서.
무례한 말과 행동들을 용서받기 원합니다.

내 주변에 있는 가까운 사람들에게 모질게 말하고 행동하여
그들에게 상처를 주었습니다.
내 몸이 고통 가운데에 있을지라도 온전히 죄 사함 받기를
원합니다.
처절하게 겸손한 용서를 구하는 고백이 내 마음속에서 생수같이
나오게 하여 주시옵소서.
나에게 죄악을 생각하고 행하게 만드는 악한 영들아, 예수님의
이름으로 명하노니 떠나갈지어다.
나의 눈에 죄를 넣고 나의 귀에 죄를 담는 악한 영들아, 예수님의
이름으로 명하노니 나에게서 사라질지어다.
내 생각과 마음에 죄를 넣는 악한 영들아, 창조주 하나님의
이름으로 명하노니 너희들의 죄를 가지고 무저갱으로
떠나갈지어다.

지금도 우리 주님은 행하는 믿음을 가진 살아있는 예배자를 찾고

계십니다.
하늘의 소망을 담아 내 생각과 마음이 신부의 영광으로 살기를
원합니다.
잠자고 있는 영혼을 흔들어 깨우며 복음을 전하기를 원합니다.
이제 막 깨어나서 조금씩 움직이는 영혼은 아버지 앞에
나아가도록 은밀하게 섬기겠습니다.
메마른 광야에 피어난 신부의 수선화와 벼랑 끝에 홀로 피어난
신부의 꽃을 받아 주시옵소서.
그리스도의 신부가 되어 걷는 영혼에게는 달릴 수 있도록 힘을
더하여 섬기겠습니다.
뛸 수 있는 자에게는 기도와 말씀의 날개를 달도록 도와서
천국에서 상급자로 인정받을 수 있도록 최선을 다하여 영혼들을
먹이고 입히고 겸손히 무릎을 꿇겠습니다.
"나의 영혼아 하나님이 주시는 평강으로 자유함을 누릴지어다".
나의 영이 자유를 누리면 누릴수록 영적인 일이 속히 이루어짐을
믿습니다.

예수 그리스도의 이름으로 내 겉사람과 속사람은 자유할지어다.
내 모든 기분 나쁜 감정의 사슬들은 지금 당장 끊어질지어다.
예수 그리스도의 이름으로 자유하게 하여 주시옵소서.
예수님의 이름으로 모든 불안과 억압으로부터 빠져나올 수 있도록
신부의 손을 잡아 주시옵소서.

하나님, 삶을 사는 동안 내 감정 쓰레기를 방치한 죄를 용서해
주시옵소서.

바른 생각으로 살지 못하였습니다.
올바른 마음으로 살지 못한 죄가 있습니다.
올바른 행동으로 살아내지 못한 저를 용서해 주시옵소서.

옳지 않은 것을 알고도 지은, 더 나쁜 죄를 짓고 살아왔습니다.
믿음이 있노라 해놓고 선을 행할 줄 알면서도 행하지 않은 죄도 있습니다.
주님 저는 죄가 있어도 마귀에게 죄의 매를 맞고 참고 살아온 어리석은 자임을 인정합니다.
이제 앞으로는 고난을 받더라도 선을 행함으로 참아서, 하나님 앞에 아름답게 서기를 원합니다.
남을 비방하다가 스스로 정죄를 받은 이 미련한 죄인을 용서해 주시옵소서.
저는 성령의 힘을 받아 어떻게 해서든 나의 죄악 중에 죽지 않기를 간절히 원합니다.
이제부터는 주님 앞에서 죄를 찍어버리고 빼어버리는 믿음으로 모든 죄악의 모양을 버리고 살겠습니다.
나의 다짐이 율법적 맹세가 아니라, 그리스도 안에서 말씀을 받아 굳건하게 서는 마음의 결심이 되기를 원합니다.
저 천국을 향한 가장 아름다운 회개가 되고 거룩한 푯대가 되기를 간구합니다.
죄를 완전히 끊어내게 하여 주시옵소서.
죄를 끊어내면 끊어낼수록 내 영은 진정한 평안과 만족과 기쁨을 누리게 됩니다.
내 안에 있는 감정의 찌꺼기들아, 예수 그리스도의 이름으로 명하노니 떠나갈지어다.
내 안에 있는 감정의 잔뿌리들아, 성령의 불로 태워질지어다.
내 안에 있는 감정의 쓴 뿌리들은 성령의 불로 완전히
태워질지어다.
어리석은 감정에 속아 살은 죄를 예수님의 십자가 보혈로, 보혈로
용서해 주시옵소서.
이제는 하나님의 영으로써 보혈을 의지하여 온전히 용서합니다.
저는 단지 예수님의 십자가 사랑에 빚진 자로서 용서할 마음만
내어드리면, 나머지는 주님께서 상급으로 갚아주시고 책임져주실
것을 믿습니다.
앞으로는 예수님의 힘으로 예수님이 용서하시는 것이오니, 나는
없고 오직 예수님만 나타나게 하여 주시옵소서.
예수님만 흥하여 주시고, 나는 쇠하여지게 하여 주시옵소서.
예수님은 더욱 위대하게 높아지시고, 저는 저 아래의 메뚜기 같이
낮아지게 만들어 주시옵소서.
우리 주님은 흥하여야 하겠고, 먼지로 만든 저는 쇠하여야
하겠습니다.
그리스도의 보혈로 내 마음을 항상 깨끗한 성전으로 만들어
성령님을 기쁘게 섬길 수 있도록 인도해 주시옵소서.
이제부터는 신령과 진정을 다하여 신부로 생각하고 신부로 말하고
신부로 살기를 원합니다.

사랑하지 못하면 사랑할 때까지 주님이 도우실 것입니다.
겸손하지 못하면 겸손할 때까지 우리 주님이 신부의 겸손을
만들어 주실 것입니다.

내 영이 사랑의 양식을 먹고 겸손의 양식을 먹어 사랑과 겸손으로 충만해지기를 원합니다.
이 기도 위에 성령의 기름을 부어 주시옵소서.
내 삶 위에 성령의 위로를 부어 주시옵소서.
말씀 위에 성령의 불이 붙어 내 심령에서 더 뜨겁게 불타오르기를 원합니다.
하나님은 항상 옳습니다.
하나님의 계산은 완벽하십니다.
하나님의 말씀은 항상 완벽하게 맞습니다.
그러므로 하나님께서 뜻하신 바대로 모든 것을 이루어 주시옵소서.

주님의 거룩한 성품 훈련을 방해하는 악한 영들은 예수님의 이름으로 즉시 떠나갈지어다.
내 속사람아 예수 그리스도의 '온유와 겸손'을 받을지어다.
내 속사람아 예수 그리스도의 '거룩과 경건'을 받을지어다.
내 속사람아 예수 그리스도의 '기쁨과 감사'을 받을지어다.
내 속사람아 예수 그리스도의 '인내와 절제'를 받아 주님의 성품을 이루어낼지어다.
내 속사람아 예수 그리스도의 '용서와 사랑'을 받아 거룩한 신성에 참여할지로다.
하나님 이 기도가 하늘에 상달되는 아름다운 화관이 되게 하여 주시옵소서.
아름다운 기도의 향기를 받아 주시옵소서.
주께서 이끄시는 이 기도가 살리는 기도가 되기를 원합니다.

하나님의 말씀으로 기도하는 것이 내 영에게 생명의 양식을
만들어 주는 시간입니다.
기도의 양식을 빼앗아 가는 더러운 귀신들아, 전능하신 예수님의
이름으로 명하노니 내 앞에서 영원한 무저갱으로 사라질지어다.
하나님 아버지, 의롭지 못한 마음을 용서해 주시옵소서.
의롭지 못한 생각을 하여 내 생각을 죄로 더럽혔습니다.
의롭지 못한 행동을 하여 하나님의 의를 이루지 못하였습니다.
사람들 앞에서 순종하는 듯했어도 하나님 앞에서는 순종하지 못한
죄가 있습니다.
겉으로는 겸손한 듯하였으나 실상은 겸손하지 못했습니다.
기도하는 듯했으나 영의 기도를 하지 못했습니다.
나에게 있는 죄의 허물들을 예수님의 십자가 보혈로 용서받기를
원합니다.
성령께서 말씀으로 임하사 하나님의 뜻이 무엇인지 알 수 있기를
원합니다.

하나님, 불완전한 믿음과 불완전한 사랑을 신부 된 영성으로 바꿔
주시옵소서.
거룩한 의지와 거룩한 결단이 경건한 훈련이 되도록 신부로 빚어
주시옵소서.
이제는 성소의 문을 열고 말씀대로 살아내어 그리스도의 희생으로
지성소의 문을 열기를 원합니다.
지성소의 열쇠를 말씀 가운데 내 심령에 내려 주사 내 영이 기뻐
뛰게 하여 주시옵소서.
아버지, 저에게 더욱 겸손할 수 있는 기회를 주시옵소서.

아버지, 저에게도 온전히 거룩할 수 있는 하늘의 기회를 내려
주시옵소서.
아버지 앞에서 사랑할 수 없는 자를 사랑할 수 있게
도와주시옵소서.
이제는 성령의 능력으로 사랑하고 용서하는 삶이 눈앞에 펼쳐지는
실상이 되기를 원합니다.
저에게 항상 회개할 수 있는 기회를 주셔서 점과 흠과 티 없이
살기만을 원합니다.
신부의 세마포에 어떤 작은 주름도 허락하지 않고 깨끗하고
순결하게 살고 싶습니다.
나를 온전하지 못하게 만들어 주름진 세마포를 입게 만드는 악한
영들아, 보혈의 권세로 명하노니 완전히 사라질지어다.
가계로부터 내려오는 모든 대물림의 영들아, 음부의 열쇠를 쥐고
계신 예수님의 이름으로 명하노니 떠나갈지어다.
사람들로부터 들어온 소리의 영들은 예수님의 이름으로 다
떠나갈지어다.

성령의 불이 불타오르게 하여 주시옵소서.
기도의 불이 불타오르게 하여 주시옵소서.
믿음의 불이 불의 혀같이 활활 타오르게 하여 주시옵소서.
겸손과 순종의 불이 사람들 앞에서 밝게 빛나는 등불이 되기를
원합니다.
감사와 기쁨의 불이 내 안에 있는 어두움을 제거하는 생명의 꽃이
되기를 간구합니다.
침노의 불이 저 천성을 향하여 담대하게 돌진하는 승리의 깃발이

되게 하여 주시옵소서.
영적 싸움에 능한 그리스도의 신부가 되기를 간절히 원합니다.
불타오른 만큼 내 영이 하늘의 양식을 마음껏 먹고 하나님께서
인정해 주신 신부 된 자로 기뻐하기를 원합니다.

사는 동안 보는 것을 잘못 보고, 생각하는 것을 잘못 생각하고,
행동하는 것을 잘못하여 내 영혼을 학대하고 힘들게 한 죄를
예수님의 보혈로 사하여 주시옵소서.
불의한 혀로 내 온몸을 더럽히고 삶의 수레바퀴를 불살라서
지옥의 삶을 살았습니다.
어리석은 혀로 지옥의 불을 끌고 와서 나와 내 주변 사람들을
어렵게 하며 이기적인 내 신앙을 고집하며 살아왔습니다.
교만하게 남의 말을 꾸짖을 생각을 하고 있었으나 실상은 제가 더
책망받아야 마땅했습니다.
어떨 때는 옳은 말이 어찌 그리 고통스러웠는지 모릅니다.
그만큼 저는 바른 것도 구부려 놓고 보암직하다고 우기고, 옳은
것조차 스스로 부인하며 기분 나빠한 더 위선적인 사람이었음을
고백합니다.
예수님의 보혈을 의지하오니 죄의 폭군의 손에서 나를 구원하여
주시옵소서.
성령께서 나를 가르쳐 주시고 나의 허물된 것을 깨닫도록 살펴
주시옵소서.
생각 없이 말한 죄를 보혈의 권세로 사하여 주시옵소서.
개울과 같이 변덕스럽고 얕은 물살같이 지나가는 헛된 나의
인생을 용서해 주시옵소서.

하나님이 의로운 손을 들어 죄를 끊어 버리도록 힘을 더하여 주시옵소서.
예수님의 겸손을 가지고 나아갑니다.
예수님의 사랑을 가지고 나아갑니다.
예수님의 성품을 가지고 나아갑니다.
예수님의 십자가를 내 신부의 가슴에 깊이 새기고 전진합니다.
신부의 기도에 자기 없음의 기도를 온전히 덧입기를 원합니다.
내 영이 기도의 옷을 입고 기도의 양식을 먹게 하여 주시옵소서.
사랑에 사랑을 덧입기를 원합니다.
내 영이 사랑의 옷을 입고 사랑의 양식을 먹게 하여 주시옵소서.
겸손에 겸손을 덧입기를 원합니다.
내 영이 겸손의 옷을 입고 겸손의 양식을 먹고살기를 원합니다.
사람의 말로 가히 이르지 못하는 저 천국을 기대하는 믿음으로 살기를 원합니다.
내 영이 반석 위에 세운 믿음의 열매를 먹고 더욱 강건해지게 도와주시옵소서.
영광된 믿음을 주시옵소서.

내 영이 영광 위에 세운 믿음의 만찬을 먹게 하여 주시옵소서.
하늘의 영예를 입은 신부가 되어 가장 귀한 말씀을 내 삶에 녹여 살기만을 원합니다.
내 영이 영원한 믿음 위에 세운 생명나무의 열매를 먹고 살게 해주시옵소서.
모든 것을 성령으로 할 수 있는 믿음을 주시옵소서.
하나님의 마음과 평안 가운데 내 마음을 지켜 주시옵소서.

신부의 마음과 신부의 눈과 신부의 귀와 입술을 봉해주시고
덮어주시고 잠가주셔서 오직 주님의 시선에만 집중하도록
도와주시옵소서.
주께서는 사랑하는 신부와 함께하심을 믿습니다. 아멘 아멘 아멘!
신부의 믿음은 천국에서 가장 아름다운 보화임을 믿습니다.
하나님의 말씀을 계속 듣고 순종할 때마다 더 큰 믿음을
주시옵소서.
하나님께 '아멘'으로 동의하는 모든 고백을 하늘에 아름답게
쌓기를 원합니다.
시작과 끝이 없으신 하나님이 천사들도 흠모할 만한 신부의
자태로 만들어 주시옵소서.
믿음이 내 마음이라는 것을 기억하여 깨끗한 성품으로 살기를
간구합니다.
말씀을 붙잡는 준비와 의에 주린 마음으로 하나님의 말씀을
순종하고 경청합니다.
아름답게 듣는 믿음을 주시옵소서.
거룩하게 보는 사랑을 주시옵소서.
온전하게 말하는 입술의 권세를 입혀 주시옵소서.

내 영이 말씀을 들음으로 말씀의 양식을 먹고 있습니다.
말씀의 능력이 내 영을 지배하고 다스릴 것을 생각하니 영적인
설렘이 생깁니다.
말씀과 하나님의 영이 함께 일하시니 내 마음도 하나님과 하나가
되기를 원합니다.

말씀과 하나님의 영 안에서 굳게 서는 자는 좌로나 우로나
치우치지 않습니다.
성령의 거룩하게 하심과 진리를 믿음으로 구원을 받게 하신
예수님을 찬양합니다.
내가 작은 능력을 가지고서도 말씀을 굳건하게 지키며 예수님의
이름을 끝까지 붙잡고 나아가도록 도와주시옵소서.
주 하나님, 나의 나중 행위가 처음 것보다 더 많아지는 은혜를
간구합니다.
하나님을 사랑하는 마음이 천국에서도 영원하기를 원합니다.
하나님, 나를 주님의 처음 사랑 속에 살게 해주시옵소서.
덮은 우물 속에서 주님이 주시는 생수를 마시길 원합니다.
잠근 동산 속에서 주님이 주시는 열매를 먹기 원합니다.
봉한 샘 속에서 주님이 주시는 보혈의 생명이 뿌려지기를
간구합니다.

주님과의 첫사랑을 영원히 간직하며 그 사랑의 힘으로 살아가는
것이 나의 소망이 되었습니다.
오늘도 내 마음의 그릇에 성령의 기름을 담아 등불이 꺼지지 않게
도와주시옵소서.
목마르고 간절한 내 마음에 성령의 기름을 부어 주시옵소서.
그리하여 내 안에 욕심과 탐욕과 미움의 영이 사라지게 하여
주시옵소서.
내 마음을 더욱 비워 성령의 생수가 흘러넘치기를 간구합니다.
내 영혼이 성령님의 임재에 속히 반응합니다.
욕심과 자기 유익으로 채워진 내 자아를 예수님의 이름으로

거부합니다.
세상 것을 얻으면 얻을수록 품꾼의 날과 같을 뿐이거늘 이제 나의 소망은 오직 신랑 되신 나의 예수님 외에는 아무것도 없음을 고백합니다.
이 귀한 시간을 허무한 곳에 보내지 않게 도와주시옵소서.
세상의 고생을 등에 지고 고달픈 밤이 되어 살지 않기를 원합니다.
이제는 죄된 고생도 하나님의 손으로 의된 고난으로 바꿔 주시옵소서.

주님이 주신 평안을 세상의 욕심에 빼앗겨 누울 때면 말하기를 "언제 긴 밤이 지나갈까" 새벽까지 이리 뒤척 저리 뒤척 하는 내 모습을 보게 됩니다.
흙덩이로 만든 내 몸을 하나님께 내어 드려서 주인의 손으로 가장 아름답게 빚어지기를 원합니다.
내 생명이 한낱 바람 같음을 생각하여 오직 하나님만 의지하고 살 수 있게 도와주시옵소서.
구름이 사라져 없어짐 같이 내 인생도 사라져 없어지기 전에 창조주 하나님을 먼저 기억하고 주님의 말씀에 순종하는 삶을 살 수 있도록 인도해 주시옵소서.
그런즉 내가 내 입을 금하고 내 눈을 금하고 내 귀를 금하여 하늘의 소리를 듣는 신부로 살게 해 주시옵소서.
내 마음의 괴로움 때문에 불평하는 말 대신 감사하는 말로 내 삶을 장식하길 원합니다.
말씀의 종이에 아름답게 순종으로 수를 놓아 기쁨의 바느질을 하게 하옵소서.

때때로 내 마음에 뼈를 깎는 고통이 찾아올지라도 하나님을 더욱 의지하는 가장 아름다운 시간이 될 수 있도록 지금 간구해 놓습니다.
주께서 나를 날마다 하늘의 만나를 주시고 순간마다 단련해 주시기를 원합니다.
내 마음을 감찰하시는 하나님, 나의 무거운 짐을 우리 주님께 의탁합니다.
주께서 내 허물을 사하여 주시고 내 죄악을 제거해 주시니 내 영혼이 주 안에서 기뻐하고 있습니다.
새 하늘과 새 땅을 우리 주님의 손으로 이루어 주실 것을 믿습니다.
거룩한 성 예루살렘이 하나님께로부터 하늘에서 내려올 것을 준비하는 신부의 아름다운 단장이 되게 하옵소서.
그 때에 내 모든 눈물을 닦아 주시고 애통하는 것이나 곡하는 것 없이 우리 주님과 영원히 살기만을 원합니다.
간절합니다.
절실합니다.

내 사랑하는 주님이여, 나의 마음은 오직 신랑에게만 있습니다.
주께서 만물을 새롭게 하실 그 때에 하늘의 것을 신부의 상속으로 받는 영예를 입혀 주시옵소서.
하나님의 영광이 성의 빛에 지극히 귀한 보석이 되도록 신부의 옷을 준비하고 살겠습니다.
수정같이 맑은 생명수 강가에서 우리 주님께 사랑받는 신부가 되기를 원합니다.
땅에서 온전한 사랑을 이루어 그리스도의 장성한 분량이 충만한 신부의 꽃을 피우게 하여 주시옵소서.
이제 우리 주님이 속히 오실 날을 손꼽아 기다리며 주님의 말씀을 정금같이 여기며 살게 도와주시옵소서.
행한 대로 갚아주시는 하늘의 상급도 다 주님의 것이고 아름다운 예배임을 믿습니다.
하나님의 말씀을 거룩하게 지켜서 생명나무와 거룩한 성에 참여하는 것이 나의 소망인 줄을 주께서 아시나이다.
주께서 진실로 속히 오시옵소서.
항상 하나님의 은혜를 잊지 아니하고 어느 때든 주와 동행하며 살도록 인도해 주실 나의 구원자 예수님의 이름으로 기도합니다.
아멘! 아멘! 아멘!

사람들이 만국의 영광과 존귀를 가지고 그리로 들어가겠고 계 21:26

천국 찬양 세 번째 작사를 하며..

_천주영 선교사

'우리가 반드시 가야 할 나라' 간증책이 나오고, 수많은 지역에서 집회를 하며 천국 찬양 -'그 곳 바라보며 살리라'와 '눈부신 천국 봅니다' 두 곡이 많은 교회와 성도들에게 불려지고 사랑을 받았습니다.

모든 성도들은 마치 연어가 죽음을 각오하고 강줄기를 거슬러 고향으로 돌아가듯이 세상을 거슬러 천로역정을 하여 마침내 천국에 입성하여야 합니다. 그러려면 예수님처럼 살아가며 죄를 멀리하며 믿음으로 마귀들과 죽기까지 싸워 승리하여야 합니다.

천국 찬양 세 번째 찬양 '나의 작은 빛'은 그런 간절한 소망을 담아 작사하였습니다.

믿음의 여정 가운데 상처가 나고, 나의 작은 빛마저 꺼뜨리려는 세력 앞에서 넘어져서 울고 있을 때, 주님께서 제주도 바다에 노을이 지고 가로등의 불이 켜지는 것을 보게 하시며 말씀하셨습니다.

어두울수록 빛은 더욱 빛이 난단다.
너의 작은 빛을 세상에 비추어라.
내가 곧 갈게 너의 빛을 보고..
환하게 비추어라 나의 길을..

이 찬양을 부르며 여러분도.. 어떤 어려움이 있어도 사랑하는 신랑 되신 예수님을 기다리며 작은 등불 환하게 비추시며 항상 준비하시며 승리하시길 축복합니다.

내가 세상에 있는 동안에는 세상의 빛이로라 _요 9:5